原諒的禪修

The Art of Forgiveness, Lovingkindness, and Peace

傑克・康菲爾德（Jack Kornfield）著

橡樹林翻譯小組 譯

目錄

作者簡介

　　傑克‧康菲爾德（Jack Kornfield,1945 —）生長在美國東岸的一個科學及知性的家庭。 1963 年就讀於達特茅斯學院（Dartmouth College），主修亞洲研究，在學期間受到陳博士（Wing Tsit Chan）的鼓勵，開始學佛。1967 年畢業後，立刻到東南亞修學，在阿姜查（Achaan Chaa 1918-1992）主持的巴蓬寺出家，也曾經在馬哈希法師（Mahasi Sayadaw 1904-1982）、阿沙巴法師（Achaan Asabha 馬哈希法師在泰國弘法的弟子，駐錫 Wat Wiwake Asrom）和佛使比丘（Achaan Buddhadasa 1906-1993）座下學習，並曾追隨過西藏喇嘛、禪師、印度教上師。

　　1972 年回到美國，還俗，1974 年開始，在世界各地教導禪修。 1976 年獲得臨床心理學博士學位，身兼佛學老師和心理治療師兩職，是內觀禪修會（the Insight Meditation Center）和精神磐石中心（the Spirit Rock Center）的創始老師之一，為美國最受歡迎的內觀教師之一。他目前和他的妻子以及女兒住在北加州。

　　他的其它著作包括：狂喜之後（*After the Ecstasy, the Laundry*）、心靈幽徑（*A Path with Heart*）、寧靜的森林水池（*A Still Forest Pool, with Paul Breiter*）、佛陀的法音（*Buddha's Little Instruction Book*）等書。

這本單純的書，寫在 2001 年的夏天，

剛好就在恐怖主義的悲劇和戰爭（編按：此指 911 事件），

以另一波的暴力襲向全世界之前不久。

願這裏所貢獻的永恆真理與練習，

能利益所有受苦的人，

也祝願一切眾生找到一條通往和平的正道。

你手中所握著的這本書
是一個邀請
請記得
原諒和慈愛的轉化力量
請記得
無論你身在何處、遭遇何事
在你的心中
平靜是可能的

這本書中的教誨，包含了亙古以來對於「愛」的瞭解和洞見。它們提供簡單而直接的練習，幫助你在心中培養愛的素質。

這樣的智慧，對所有生活在現代的人而言，是不可或缺的。

佛陀的法語開示了這個真理：

〜瞋恨絕不可能以瞋恨止息，
　唯有愛能療癒。
　這是古老而永恆不變的法則。

我們經常會發現自己陷在衝突矛盾中而沒有辦法平靜；也經常在面對各種困境和問題時，覺得無力超越。

痛苦、憤怒和恐懼，可能發生在自己身上、在家庭中、在職場上、在社區裏，甚至在不同的國家之間。

我們希望能找到一條出路，從痛苦中解脫。

即使在最壞的狀況下，心也可以是自由的。

～我們這些曾經在集中營裏待過的人，都記得那
　些走動營房間安慰別人，甚至給出自己最後
　一片麵包的人……他們也許只是少數，但是
　卻提供了足夠的證明——什麼都可以被剝奪，
　唯獨自由——那選擇自我精神價值的自由。

　　　　　　　維克多‧E‧法蘭可（Viktor E. Frankl）

原諒和慈悲不是感情用事，也不是軟弱，它需要勇氣和正直。不過，它們卻可以帶給我們長久以來所渴望的平靜。

～真正的愛，不是懦弱的人所會有的。

梅賀‧巴巴（Meher Baba）

我們與生俱來的智慧知道以下所言為實：

當佛經裏稱我們為「生而尊貴的你」，就告訴了大家，我們都是佛陀的兒女。不要懷疑你自己本具的良善。雖然我們會有困惑和恐懼，但是我們都生具一顆知道什麼是公義、什麼是愛、什麼是美的心。

容格分析心理學家羅伯特・A・詹森（Robert A. Johnson）說：

～說來奇怪，人們拒絕自己陰暗面裏的高尚，竟然比隱藏自己的陰暗面來得更用力；發現自己個性中有深藏的高貴面，比知道自己是個無賴更加讓人困擾。

如果我們真誠的面對自己，就可以感受到更慈愛、更覺醒和更自由的可能。

～如果，讓心從貪婪、瞋恨和恐懼的種種牽纏中解脫出來是不可能的話，我就不會教你們這樣做。

佛陀（Buddha）

憤怒、責怪、衝突和怨恨來自恐懼。當一個人感到害怕時，他的身體僵硬，心臟緊縮，腦子完全給佔滿了，這時他無法活得有智慧。

原諒，將我們從恐懼中解放出來，它讓我們以友善的眼光看待外界，並安住在智慧的心智裏。

活在喜悅中，在愛中——
即使身處在內心充滿瞋恨的人們之間。

活在喜悅中，在健康中——
即使身處在身心受苦的人們之間。

活在喜悅中，在平靜安詳中——
即使身處在盡是麻煩和問題的人們之間。

往內觀照，
寂靜安然。
從恐懼和執著中解脫出來，
了知這條正道的甜美喜悅。

佛陀（Buddha）

我們應該如何開始呢？

任何時候我們都可以學習放下仇恨和恐懼，安住在平和、慈愛和原諒中。

不過，為了要能夠不斷保有愛心，我們需要深入練習那些可以培養與強化我們內在慈悲的方法。

光是知道有可能去愛、去寬恕是不夠的，我們必須找到方法將它們帶進生命。

～真實的狀況是，我們還沒有完全自由，我們只是取得了「被解放」的自由。

尼爾森‧曼德拉（Nelson Mandela）

原諒

原諒的禪修

傳統來說，
心靈的工作始於
寬恕。

對於任何治療而言，
寬恕是個必要的基石。
首先我們須要對寬恕建立一個
具足智慧的瞭解，
然後我們可以學習如何去練習、
學習如何能夠原諒我們自己和別人。

原諒，是放下過去所遭受的痛苦和背棄，是卸下一直所背負的傷痛和仇恨。

原諒，光顯了心靈最大的尊嚴。每當我們迷失時，原諒就會把我們帶回愛的基地。與原諒同在，我們會變得不願去攻擊或傷害別人。

小至在家中，大至國與國之間，只要我們願意原諒，我們就可以從過去中解脫出來。

一個沒有原諒的世界將是難以想像的——沒有它，生命將會多麼無法承受。

如果沒有原諒，我們的生命將被迫和過去的痛苦鍊鎖，一再重複、永無止息。

想像一下兩個曾經是戰俘者的對話：

「你原諒了那些逮捕你的人了嗎？」

「不！我永遠也不原諒他們！」

「哇！那他們還把你關在他們的監獄裏囉！」

我們開始原諒，主要是為了自己。

當我們為過去所折磨和痛苦時，那些背叛我們的人可能正在逍遙。

恨，是痛苦的。沒有原諒，我們會繼續錯以為「恨」可以為自己、為別人療傷敷痛。

唯有寬恕
可以讓我們放下，並且解除心靈的痛苦。

那些發生在波士尼亞、柬埔寨，盧安達、北愛爾蘭或者非洲的衝突和悲劇，即使是在最壞的處境中，他們也得試著找出一條通往「和解」的道路。在美國也一樣！因為，這是讓傷口癒合的唯一方法。

這也就是說，要找出勇氣去原諒那些不可原諒的，要有意識地去鬆綁自己那緊鎖著別人惡行不放的心。

無論過去所帶著的是怎樣的創傷，我們都必須找出一個方法讓自己從過去走出來。

過去已然過去。

原諒意指：不再企求一個較好的過去。

有時候為了自我防衛，強烈的行動也許是必要的。但是得本著悲憫心來做才行，否則瞋恨將會毒害我們的回應。對於世界上的各種悲劇，我們不妨用甘地所說的「心靈力量」來面對。

～如果你想見識英雄，
　去瞧瞧那些能對瞋恨回以慈愛的人；
　如果你想見識勇者
　去看看那些能行寬恕的人。

薄伽梵歌（Bhagavad Gita）

記得這些真相：

原諒不是軟弱或天真。

原諒需要勇氣和清明；它並非天真或幼稚。人們錯以為寬恕就是「原諒＋忘記」，而且一次即成，這可不是有智慧的原諒。

原諒並非一蹴可幾。

對巨大的不公不義，要能做到原諒，可能得歷經長時間的哀慟、憤慨、悲傷、失落和痛楚。

真正的原諒，不會以表象方式去掩蓋已經發生的事，也不會把力氣錯用在壓抑或迴避自己的痛苦上。它是急不得的。原諒是以尊重的心對待傷痛和被出賣——這是一種深化的過程（deep process），一次次地在我們心中重複，直到原諒自然熟化，我們才有自由去真正的原諒。

原諒並非忘卻過去，
也不是縱容過去。

原諒是有智慧的看待事物，它由衷的承認什麼是
不公不義、傷害別人和不當的行為，它也勇敢的
辨認出過去所受的苦，並理解導致事情之所以如
此的原委，這樣的原諒就有了力量。當我們原諒
時，我們同時可以說：「我不希望這些事情再次
發生。」我們當然可以決心不再容許這般的傷害
發生在自己或其他人身上。

原諒並不是說
我們一定得繼續和那些傷害過我們的人有關聯。

就某些個案來說,最好的方式可能是終止聯繫,
永遠也不再和傷害我們的人說話或在一起。有時
候在進行原諒的過程中,傷害或背棄我們的人可
能希望向我們陪陪罪;即使這樣,也不須要把我
們自己放在會進一步受到傷害的情況。

最後，原諒只是單純的意謂：
永遠不讓任何人打從我們的心中出局。

如果我們能夠讀讀我們的敵人不為人知的歷史，我們將發現，他們的悲傷和痛苦足以解除我們所有的敵意。

亨利‧華滋華斯‧朗非羅（Henry Wadsworth Longfellow）

找到一個方法來對自己開展原諒，是我們最不可少的重要工作之一。

我們不也如同別人一般，都曾受困於痛苦當中！

如果我們誠實的檢視自己的生命，就會看見那些導致我們遠離正道的痛苦和悲傷。於是，我們終於可以對自己開展原諒，能夠用悲憫擁抱自己已然造成的痛苦。沒有這樣的悲憫，我們將過著自我放逐的一生！

過去的痛楚是沒有辦法卸除的——直到我們以療合和原諒來撫慰它們。

～我們童年所發生過的事，都還貯藏在我們的身上；雖然我們可以壓抑這些記憶，卻不可能更動它。我們的理智可以被蒙蔽，我們的感覺可以被操控，我們的觀念可以被混淆，我們的身體可以被藥物治療所欺弄，但是有一天身體會跟我們算總帳。因為身體就像直心無偽的孩童般，沒有辦法討價還價，也不會接受任何藉口或妥協。除非我們不再逃避真相，否則我們將無止息地飽受折磨。

愛麗絲・米勒（Alice Miller）

我們都很盲目，我們都受著苦。

以下是佩瑪‧丘卓（Pema Chödrön）所說的故事：

～一位年輕的婦女寫道：她在中東地區的一個小鎮上，被一群人包圍、嘲諷、吼叫，並威脅著要擲以石塊，只因為她和她的朋友是美國人。

她當然嚇壞了，不過這件事的發生卻很重要。突然間，她可以和歷史上每一個曾經被輕蔑和憎惡的人認同。她體會了被唾棄的滋味，不論是基於什麼樣的理由——民族群體的、人種膚色的、性傾向的、性別的……。像有什麼炸裂開來似地，她和千百萬人同樣處於被壓迫的情境之中，但卻能夠以全新的觀點來看。她甚至瞭解了她自己和憎惡她的人所共同具有的人性。這種深切連結和同屬於一個大家庭的感受，是偉大悲憫心的覺醒。

艾倫‧華勒士（Alan Wallace）從西藏的教導中
來說明這個真理：

～想像你自己手中抱著滿滿的各式雜貨，沿著人
　行道走著，某個人粗魯地撞上你，你跌倒
　了，雜貨灑落一地。當你從一攤破掉的蛋和
　蕃茄汁裡爬起，準備要大罵：「你這個笨
　蛋！你搞什麼東西？你瞎了嗎？」然而就在
　你才來得及接上一口氣罵出之前，你看到撞
　上你的這個人真的是個瞎了眼的盲者，而他
　也是跌坐在散落一地的雜貨中間，你的怒氣
　頃刻間煙消雲散，取而代之的是同情的關
　心：「你受傷了嗎？我可以扶你站起來嗎？」
　我們的情況就是像這樣。

　當我們清楚地瞭解到，這個世界上不和諧和悲
　苦的根源都是愚癡無明時，我們就能夠打開
　智慧和悲憫的大門。

無論發生了什麼，我們總能回到心靈的偉大處。

我們都聽過別人生命中，某些關於悲憫和寬恕的神奇力量的故事。每一次我們都會被這些敘述所鼓舞，我們會記得，我們「也能」去原諒。

知名的阿根廷高爾夫球員羅伯多·德·維乾佐（Roberto de Vicenzo），有一次贏得一個錦標賽，在收到獎金支票和微笑拍照後，他回到會所並準備離去。不久後，當他獨自走向停車場時，一個婦女趨向前來。她先恭喜他贏得勝利，然後告訴他，她的孩子病得很嚴重，幾乎快死了。

德·維乾佐被她的故事給感動了，於是拿出筆來，把他剛贏得的支票背書轉讓給這位婦人。「給這個孩子過些好日子吧！」當他把支票塞到她手上時這樣說道。

隔周，當他在一個鄉村俱樂部進餐時，一位職業高爾夫球協會（PGA）的職員來到他的桌前，「上個星期在停車場有人告訴我，你贏得錦標賽之後在那兒遇到一位年輕的婦女是嗎？」德·維乾佐點點頭。「嗯，」協會的職員繼續說：「給你個消息，她是個騙子，她根本沒結婚，更沒有

個生病的孩子。我親愛的朋友，你被她給騙
了。」

「你是說沒有個快死的孩子？」德·維乾佐說。

「對啦！」

「這是整個星期以來我所聽到的最棒的消息。」
德·維乾佐這樣說。

即使是在最痛苦的情況下，每當我們原諒或被原諒，心靈就能夠得到解脫。

在古代的夏威夷，如果一個人冒犯了禁忌或者被指控了罪行，最後總有個解決的辦法。無論他犯了什麼錯，如果他能夠設法進入普阿洪瓦（Puahonua）廟的火山岩牆裏——這是座在海邊的庇護廟——祭師就會為他進行一場淨化和原諒的儀式。之後，他就能無傷地被允許回到家中。

在原諒的廟堂當中，我們被提醒的是我們自己的良善和美好。

我們能夠幫助彼此建立原諒的廟宇以替代監獄。
我們可以——在我們各自的心中。

在南非的巴本芭（Babemba）部落，當一個人做了不負責任或不義的事，他會被安置在村落的中央，獨自一人但是行動自由。等到大家的工作歇息下來，村落中的每一個男人、女人和小孩就聚集在一塊，在這個被控告的人周圍圍起一個大大的圓圈。然後，部落裏的每一個人開始對這個犯過的人說話，一次一位，每一個人重新回憶起，在圓圈中央的這個人，在他一生當中曾經做過的好事。或簡或詳、或精確或概略，能夠被回憶起的每一件事情、每一個經驗，都一一被述說。所有他正面的屬性、好的行為、長處和慈悲，都讓眾人仔細地、長時間地娓娓道來。這種部落裏的儀式經常持續個好幾天。最後，這個部落族人的圓圈打破，一個快樂喜悅的慶祝活動緊接著舉行，而這個人，就在這個時候象徵性地並且真正地被歡迎回到這個部族當中。

蘇菲派大師皮爾·維拉亞特·康（Pir Vilayat
Khan）教導我們：

～克服任何你所可能面對的痛苦吧！因為要付予
　你的痛苦還沒有滿額呢！

　就像世界的母親，在她的心中承載著整個世
　界的痛苦一般，你也正分擔著一定程度宇宙
　間的痛苦，同時被要求以喜悅而非自憐來面
　對它。

無論是多麼極端的情況，心的轉化都是可能的。

有一回在華盛頓往費城的火車上，我旁邊坐著一位非裔美國人，他曾經為美國國務院在印度工作，後來辭職，在華盛頓哥倫比亞特區執行一項少年犯的康復計畫。他工作所接觸的青少年，大部分是犯了殺人罪的幫派分子。

在他的康復計畫中有一個十四歲大的男孩，只是為了向幫派證明自己，竟然槍殺了一位無辜的青少年。法庭審訊時，受害者的母親面無表情地坐著，靜默地直到結束。最後這位青少年被判了殺人罪，就在判決宣布之後，她緩緩地站起身來，盯著他看並且鄭重其事地說：「我將會殺了你。」之後，這個孩子被帶往少年輔育院去服刑幾年。

第一個半年過去了，遇害孩子的母親去探望這位兇手——在他殺人之前就已經無家可歸，因此她是唯一來探望他的人。他們談了一下，離開前她

給了他一點錢買菸。此後她就這樣開始一步一步地，更定期地去看他，帶一些食物和小禮物。到他三年刑期即將屆滿前，她問他出來後要做什麼？他顯得茫然而不知如何是好。於是，她幫忙安排了在一位朋友的公司工作的機會。接著問他會住哪裡？由於他無家可回，於是她又提供自己家的客房給他暫住。

有八個月的時間，他住她那兒，吃她提供的食物，每天上班。一天晚上，她請他到客廳，和他面對面的坐著……，然後她開口說：

「你還記得當年我在法庭上，曾經說過『我將殺了你』的話嗎？」

「我當然記得。」他回答。

「嗯，我做了，」她繼續說：「我不希望那個毫無緣由地殺了我兒子的男孩還繼續活在這個世

上。我想要他死，那就是為什麼我開始去看你和給你帶一些東西，那就是為什麼我幫你安排工作和讓你住在我的房子裏——這是我試圖改變你的方式。而那個過去的你——那個男孩，已經不在了。因此，現在我想問你，我的兒子早已經走了，而那個兇手也不在了，你是否想待在這兒？這裏有房間，我也願意收養你——如果你願意的話。」於是她成為殺害她兒子兇手的母親，成為這個孩子未曾有過的母親。

我們自己的故事也許不那麼戲劇性，然而我們都必然遭受過背棄。

我們每個人必定要從自己所在之處開始，無論方式大小，不論在家庭內或社區中，我們都需要耐心地一次又一次地去原諒。

～不要忽視明智行為的效應，而說：「這又看不到什麼。」就如雨滴漸落也能盈滿水瓶，遲早智行會轉變成滿滿的利益與幸福。

法句經（Dhammapada）②

原諒的禪修

有一種正式的禪修練習，可以幫助我們培養原諒的能力。這裏面我們依著三個指導尋求和給予「原諒」。在佛教的道場裏，一個人可能重複這個練習好幾百次，直到它對於心靈而言變得很自然。

讓你自己舒適地坐著，把眼睛閉起來，放鬆身心，自然而從容的呼吸，感覺氣息輕柔地進到心臟，感覺所有因為你尚未原諒——尚未寬恕你自己、尚未原諒別人——而老早就樹立起來的隔礙和背負的情緒；感覺自己始終緊閉心門的痛苦。

輕柔地呼吸，開始念誦底下的話語，當你重覆著這些話語時，讓所生起的意像和感覺深深增長。

不管有意或無意……，出於痛苦、恐懼、生氣或困惑，讓我曾經以多種方式傷害、背叛或離棄別人，讓他們受苦。

回憶和觀想你曾經傷害別人的種種，去體會別人身上由於你的恐懼和迷惑所造成的痛苦，感覺自己的難過與懊悔，並告訴自己：我終於可以獲得原諒、放下負擔了。去觀想那些仍然讓你心沈重的每個記憶——要用多少時間就用多少時間，然後在心中對想起的每一個人輕聲地說道：

我請求你的原諒！我請求你的原諒！

原諒自己

就像我給別人帶來痛苦一樣，我也曾經透過很多方
式傷害自己。經由心念、語言或行為，不知道有多
少次，我背棄、出賣自己——無論是在有意或無意
的情況下。

感覺一下你那珍貴難得的人身和生命，想想你曾經以哪
些方式傷害過自己。觀想、憶念它們，去感覺自己因此
而來的難過和悲傷，並且理解自己可以放下這些沈痛的
負擔。逐個兒地，原諒自己每一個傷害的行為，並對自
己復誦：

由於恐懼、痛苦和困惑，我以種種行動或拒絕行動
的方式傷害了我自己。現在我要發出一個飽滿而衷
心的原諒——我原諒我自己！我原諒我自己！

他人曾經以心念、語言或行為等方式辱罵甚或背棄
我——無論是在有意或無意的情況下。

我們每一個人都曾經被出賣過。

觀想和回憶這些實際發生過的情況，感覺你因此而一直
帶著的痛苦，現在因為你的心已經準備好，你可以藉著
逐漸地給予原諒，放下這些苦痛的負擔。對自己念誦：

我記起別人由於害怕、恐懼、痛苦、迷惑和憤怒而
傷害了我的種種，我在心中帶著這樣的痛苦夠久
了，現在，我以我準備好了的程度，給予你我的原
諒。傷害我的人們！我願意原諒，我原諒你們！

重複練習

溫柔地重複原諒的三個指導，直到你感覺放下。但是某些強大的痛苦也許會無法釋懷，反而可能會讓你再次經驗曾經有過的那種負擔、焦慮或者忿恚。請溫柔地對待它，要包容自己還沒有準備好要放下以繼續前進，因為原諒是不能強迫、不能造作的。

只管繼續這個練習，讓這些言語和意象以它們自己的方式逐漸地生效。遲早這種原諒的禪修會成為你生活中的部分常態，以一種具足智慧的慈愛放下過去，並對每一個嶄新的當下展開心懷。

能增進「原諒」的其他禪修：放下的禪修、悲傷的禪修、和解的禪修

放下、悲傷與和解，是能夠讓原諒的工作更為完善的三個輔助練習。每個練習，都提供了具足智慧而簡單的形式、溫暖親切的語言，來鼓舞心靈去放下、療傷和安然歇息。

要依照這些禪修中的哪一個來練習，就讓你的直覺來引導你，只要它對你有用，就保持繼續練習；然後，當你準備好要回到不斷發展中的這個原諒的練習時，就回去練習。

放下的禪修

～如果你放下得少，

　得到的快樂就少；

　如果你放下得多，

　得到的快樂就多；

　如果你完全地放下，

　你將得到徹底的自由。

阿姜查（Ajahn Chah）

想要過一個有智慧的生活，最重要的任務就是放下。放下，是通往自由的路徑。唯有放下所有的期望、恐懼、痛苦、過去和縈繞心頭的事端，讓心思安靜下來，才能打開心靈之門。

我們不須要害怕放下，信賴自己的勇氣和脆弱，如實地面對生命，就可以隨處安住。當我們放下時，誠實、療癒和愛將帶著我們安然通過這個變化不斷的世界。

記得，「放下」不是放棄我們已有的知識，它們依然和我們同在。放下是卸下那些讓我們心靈不自由的印象、情緒、怨恨、恐懼、執取和失望。就像是把杯子倒空，「放下」給我們自由以便去清新、敏銳、醒覺地接納。

放下和極力想擺脫的厭惡不同。如果我們還在抗拒，就不可能真正地放下。那些我們所抗拒和害怕的，即使在我們將它推開時，還是偷偷地跟著我們。要放下恐懼或創傷，我們必須得先承認它就是這樣，充分地感受它並

接受它——放下是從「讓它以它的樣子存在」開始。

當我們學會讓事物以它的本來樣貌存在，它們就會漸漸失去力量，進而停止煩擾我們。也因為我們允許事物以它的真面目存在，我們的身心就有了空間，可以呼吸、放和與休息。接納它，我們會更自由。然後我們可以問問自己：「我非得繼續重播這些故事嗎？我一定要執著在這些失落和感覺上嗎？難道不是該放下的時候了嗎？」你的心將會知道。

「放下」是個有機的循環。我們將會感覺，它如同智慧，知道是開動的時候了、是卸下過去和溫柔地回到現在的時候了。當我們放下，我們回到了一個真誠和單純的開闊。

練習開始

讓你自己舒服而安靜地坐著，仁慈地注意你的身體和呼吸，放鬆、安住在當下。

現在，展開覺知——覺知這些舊事、狀況、感受和反應該是放下的時候了。輕柔地給它們安個名字（出賣、難過、焦慮等……），給它們空間，讓它們自由流動不去抗拒，並以慈悲擁抱它。繼續呼吸，問你自己，放下這些過去，是否確實很有智慧？去感受因為放下而來的好處和輕鬆。跟自己說：「放下！放下！」輕柔地，一遍又一遍。

放鬆身心，將生起的任何感覺往地面洩光——去經驗這些感覺是如何地像水從浴缸中被排掉般。去感覺當你放下時，心靈如何地柔軟下來、身體如何地放開。

現在引導心識去想像未來問題已然被卸下，去感覺放下所能帶來的自在、純真和輕鬆。對自己多說幾次「放下」！靜靜地坐著，留意那些已釋放的感受是否又回來。每一次它們回來時，就輕柔地呼吸如同向它們禮拜，和藹親切地說：「我已經讓你們走了。」

這些印象和感受可能會回來許多次，然而如果你繼續練習，它們終將褪去。於是，你的心識將逐漸信任這塊因放下而出現的空間，你的心將變得從容，你也會自由。

悲傷的禪修

～大雨過後，暴風雨的烏雲消散，
　就如同他們自己擦乾淨了一樣。

賈利浦（Ghalib）

悲傷是面對失去時心靈的自然反應。當我們悲傷時，允許自己去感受痛苦的真實，以及遭受背棄或悲慘的程度。主動地去面對哀傷，我們才會慢慢的承認、整合、接受自己「失去」的事實──想要放下的最好方式就是去悲傷。

哀悼和尊重我們背負的苦痛是需要勇氣的。我們可以用淚水、禪修的寧靜、祈禱或唱誦來抒發悲傷。在碰觸這些新舊悲傷的痛楚時，我們看見自己人性真實的脆弱面──無助而絕望，這些就是我們心靈暴風雨後的烏雲，終將散去。

對自己的眼淚我們應該給予尊重。為幫助人們走過悲傷和失去，大多數的傳統社會會提供儀式和集體性的支持。如果不能明智地悲傷，我們就只能一味堅持、武裝和麻木自己，於是，我們的心就沒有辦法從悲傷中學習和成長。

練習開始

現在讓我們開始學習悲傷的禪修。首先讓你自己坐好，獨自一人或者和一位能夠提供安慰的朋友，一起花點時

間創造一個支持的氛圍。當你準備好了，從覺知呼吸開始，感覺氣息在自己的胸腔內，這樣可以幫助你和自己體內的當下同在；溫柔地握起你的一隻手放在心上，如同你正擁抱著一個脆弱的人一般——而你自己就是。

繼續呼吸，去意識你所哀悼的失去或苦痛，讓這些舊事、影像和感覺自然出現，溫柔地擁抱它們。慢慢地來，讓這些感受一層一層的，一次一點兒地出來。

繼續輕柔、悲憫地呼吸。不論是什麼感受，痛楚和淚水、忿怒或摯愛、害怕和難過，讓它們想來就來。溫柔地撫摸它們，讓它們從你的心裏和身上鬆解出來；給任何生起的意象一點空間，允許整個故事鋪陳開來。繼續呼吸並且保持溫柔和慈悲。對它們慈悲，也對你和其他人都慈悲。

我們所背負的悲傷是這個世界悲傷的一部分。輕柔地握住它，讓它受到尊重，你不用再壓抑它，你也可以將它放下，放到慈悲的懷裏去吧——你可以盡情流淚。

放下我們所背負的悲傷是一個漫長、充滿淚水的過程，它遵循著身心自然生起的智慧。相信它，信任這個逐漸的開展。禪修會讓你想要把某些悲傷寫下來、或喊叫出來、或唱開來、或舞開來。讓你內在永遠的智慧帶領你通過悲傷，抵達一個完全開闊的天地。

和解的禪修

在佛教的寺廟裏，當爭執或衝突發生時，出家眾會被鼓勵進行一個正式的和解練習。他們以一個簡單的意念來開始：無論我們之間有什麼傷害，我們都可以尋求和解，即使自己無法或不應向對方說出，都能找到勇氣在自己的心中保持和解和善意。我們可以將自己的部分做好，以支持整個世界的療癒和康復。

念誦和解的祈願，就是衷心地在心中種下愛和再連結的種子。當我們重複每一句祈願，我們將注意力轉移到修復那些因傷害而疏離的關係，重建和諧的可能性上。我們開始為那些因為痛苦和恐懼而分離的人們，建造一座溫柔體貼的橋梁。

練習開始

讓你自己以一個舒服的坐姿坐著，將你的注意力輕柔地帶回到你的身體和呼吸，念住在呼吸上，直到你感覺平靜和安住在當下。然後去感覺和那些已然疏遠的人們能夠和解與療癒的利益。

我們從家庭內開始，因為家庭是我們最脆弱、最容易受到傷害的地方。如果我們連在這裡都沒有辦法和解，就更不可能和這個世界和解了。

當你進行下述練習時，觀想你念到個人或團體，一次一項地念誦每一個簡單的祈願句子，去感覺他們之間的距離和苦痛，溫柔地握住人們重拾愛的可能性。要知道，

即使只是表達內心想尋求和解的意願，就足以使我們的
生命趨向平靜。

輕柔地呼吸，緩慢地念誦底下的祈願，以足夠的時間去
感受每一個和解：

祈願所有的母親和兒子都能和解。
願所有的母親和女兒都能和解。
願所有的父親和兒子都能和解。
願所有的父親和女兒都能和解。
願所有的姊妹和兄弟都能和解。
願所有的丈夫和妻子都能和解。
願所有的夥伴以及愛人都能和解。
願所有的家庭成員都能和解。
願所有的雇主和雇員都能和解。
願所有社區的每一分子都能和解。
願所有的朋友都能和解。
願所有的女人都能和解。
願所有的男人都能和解。
願所有的男人和女人都能和解。
願所有的宗教都能和解。
願所有的種族都能和解。
願所有的國家都能和解。
願所有的民族都能和解。
願所有的生物都能和解。
願每一種生命型態的所有眾生都能和解。

在整個世界上最大的保護是
慈愛。

佛陀（Buddha）

「愛」是一個受到祝福的奧祕。

它就像地心引力一樣，是一種和一切事物連結，
廣大無涯、看不見而且沒有辦法抵擋的力量。

我們渴望「愛」，
我們渴望去愛與被愛。
無論我們在哪裡，
都能夠警覺到這個事實。

就像一位充滿母愛的媽媽，
守護著她僅有的孩子一樣；
用同樣這顆寬廣無量的慈愛之心
照護你自己和一切眾生，
猶如你摯愛的孩子般。

佛陀（Buddha）

慈愛是不帶期望或要求地給予別人關懷和祝福。
在他人的幸福和我們自己的幸福之間，是沒有距
離的。

真正的愛是值得信賴的。我們對別人的愛，是我
們對愛本身信賴的一種表達。無論發生了什麼
事，我們仍然能夠去愛。

愛創造了生命的情感交融。愛使我們張開，使我們連結，使我們溫柔，使我們高尚。

愛萌發於溫柔的關心，而以關懷的行動結果。我們所接觸到的一切，因為愛而變得美麗。任何時刻我們都可以踏出小我，就像愛護大整體的一個小部分一樣，彼此擁抱。

到了生命的盡頭，當我們檢視自己的一生，
內心會生起的問題很簡單：

我全心全意地活過嗎？
我好好地愛過嗎？

我若能說人間的語言，和能說天使的語言，但我若沒有愛，我就成了個發聲的鑼，或發響的鈸。我若有先知的秉賦，又明白一切奧祕和各種知識；我若有全備的信心，甚至能移山，但我若沒有愛，我什麼也不算。

《聖經·格林多前書》13章：1-2節 ③
（1 Corinthians 13：1-2）

有時我們感覺自己沒有辦法去愛。

因為我們所背負的困惑和痛楚，因為我們周遭的種種苦難，把我們的愛給埋葬了。

不管過去的經歷怎麼樣，我們必須學習再去發現愛——在我們的身心中，在我們的社會裡，在一切一切之中。

沒有愛，我們具足創造力的心靈將會乾涸。

～一個潰瘍的傷口，是一個沒有得到愛、被拋棄的想像力所採取的報復。它是一支未舞的舞蹈，一幅未畫的水彩畫，一首未寫的詩歌。

約翰‧基雅迪（John Ciardi）

我們的社會已經忘記了要教導愛。

紐約市的年度教師約翰·佳托（John Gatto）這樣說：

～想想看，那些戕害我們整個社會的事物：毒品、沒頭沒腦的競爭、浮濫的性愛、暴力的色情、賭博、酒精等等，而其中最嚴重的是人們成了購物狂，不斷地積聚成了他們永不倦怠的追求和信仰。

即使在糟糕的時代，我們也須要學會去愛。

～我們每個人都在心底背負著自己的罪行、自己的殘敗和自我的放逐。我們的工作不是把它們釋放在這個世界上，而是在我們自己和其他人的內在來轉化它們。

亞伯特·卡繆（Albert Camus）

怨恨會傷害我們。

～凡事以生氣開頭的，
　必以羞愧收尾。

班傑明·富蘭克林（Benjamin Franklin）

我們的時間太寶貴了，
愛當及時。

～知道生命短暫，
　我們還爭什麼？

佛陀（Buddha）

超越評價和責備，才能夠找到愛。

～如果事情可以更簡單，惡人都只是潛匿別的地
　方做著壞事，那我們只須要把他們區隔出來
　並消滅就好了。但是，區分善與惡的分際線
　卻必須從我們心中畫過，誰又願意讓自己的
　心受傷分毫呢？

亞歷山大‧索忍尼辛（Alexander Solzhenitsyn）

瞭解下述的事會有幫助：

憎恨是愛的第一個，也是最明顯的敵人。憎恨讓
心靈變得冷硬，它緊緊地握住我們的痛楚和憤怒
不放，因此我們看別人怎麼看都不是好人。憎恨
醜化了我們的性靈。

～絕不要屈服於憤世嫉俗的情緒。要尋求公理正
　義，也要堂堂正正、循規蹈矩地來；而且，
　只使用愛做為工具。

馬丁路德・金恩（Martin Luther King Jr.）

愛的另一個大敵就是恐懼。恐懼縮小了心靈，它的擔心和焦慮阻斷了愛的暖流。

我們真的想要活在恐懼中嗎？

如波斯詩人哈菲茲（Hafiz）慈悲地寫道：

～恐懼是最便宜的房間，
　真希望見到你住得更好一些。

愛還有更狡猾的敵人，
「愛執」和「期望」是愛的兩個仿冒品。

當愛執的生起取代了愛，它看別人是和自己分開
的——它抓取和需求。愛執是附帶有條件的，它
尋求掌控，它也害怕失去。問問你的心，愛是否
被愛執給取代了？如果我們和心靈說話，它總會
告訴我們真相的。

期望，是愛的另一個仿冒者。

我們雖然關愛著對方，但是事實上我們卻老是希望他們不要這樣要那樣、要他們如何如何。對我們的希求和渴望的執著，對我們細微不易發現的期望的執著，摧毀了愛的溫柔空間。即使是最充滿慈愛的期望，別人所感受到的，也可能是壓力和評斷。

愛是慨然大度沒有需求的。愛在它自身當中充盈而滿足，它是無畏的。「愛」是毫不希求回報地付出善意。

愛，不是軟弱。

在這個世間，有兩個巨大力量的來源：一個在於那些不懼怕去殺戮的人身上，另一個則在那些不懼怕去愛的人身上。

～如果我們志向遠大，無疑地，「世界和平」將會是這個年代的好目標；如果我們反對破壞、毀滅的力量，願意站在生命這邊而努力，那我們絕對用得上我們每個人都有的最佳武器──愛的力量。要站在生命這邊，我們必須放棄自己的生命。

多露西·戴（Dorothy Day）

愛是築基於我們有多大的心量，可以超越恐懼去相信一個真理，一個可以包容我們所有的困難的永恆真理——愛是無條件的。

愛，沒有任何要求。

有時候，「愛」的意思是保持堅定；
有時候，「愛」的意思是讓它去；
有時候，「愛」的意思是就讓它這樣。

每當我們跨出恐懼，安住在心靈的寬宏大度中，愛的花朵就綻放。

在我們最親近的關係中，我們是最容易受傷的
——愛並不是一直都很容易的。

德蕾莎修女有一次接受英國廣播公司（BBC）的
專訪，主持人提到，就某方面來講，投身於服務
對她而言可能要比一般在家者容易多了。他指
出，畢竟她沒有財產、沒有汽車、沒有保險，也
沒有丈夫。

「並不是這樣，」她回答：「我也有結婚。」她
舉起手上的戒指——在她的教派裏所有修女都會
戴上的戒指，象徵著她們和耶穌基督的婚約。接
著她補上一句：「而且他有時候還真難相處！」

如果連德蕾莎修女都會有困難的話，那我們就更
不用說了。

愛不是依非理智的情感來說的。

～一個值得崇敬的人類關係，是兩個人之間能夠
　彼此不斷地坦誠溝通，而愈來愈深入真相的
　過程，他們才有資格說「愛」這個字。

　這樣做很重要，因為它可以打破人類的自我
　欺騙和隔絕。

亞卓安娜‧李區（Adrienne Rich）

愛是非常簡單的。
要瞭解慈悲這件事，就如達賴喇嘛所說的：

「最好是把重點放在『善意』上！」

我們是否以一顆愛心面對世間，將決定我們所見。

一位陌生的旅人走向一座新城市的大門。坐在路旁一位有智慧的老婦人大聲地向這位旅人招呼：「歡迎你！」
「住在這兒的人們都是什麼樣的？」旅人問。
「你可以先告訴我，你所離開的家鄉城市那兒的人們怎麼樣嗎？」有智慧的婦人問。
「他們都愛說閒話，心地不好，而且時常很自私，很難跟他們相處。」
「你會發現這個城市的人們也差不多像這個樣子。」

稍後第二個陌生旅人又經過，老婦人也同樣地歡迎他。
「住在這兒的人是什麼樣的呢？」第二個旅人問。

「在你家鄉的城市裏，那兒的人們怎麼樣呢？」
「他們都是很好的人──既勤奮，心胸又開闊，
而且很容易和他們相處。」
「你會發現這個城市的人們也都是像這個樣子
的。」

愛，從最小的地方開始。

～在我就讀護士學校的第二的月，教授給了一個
　隨堂測驗，我是個勤奮的學生，所以很順利
　的一路答卷，直到最後一題：「打掃學校的
　清潔婦姓什麼？」

　這顯然是個玩笑。我見過清潔婦好幾次，她是
　個高大、深色頭髮、五十歲的人，但我怎麼
　可能知道她的姓呢？我交了考卷，最後一題
　空白著。

　下課前，有個同學問教授最後一題算不算分
　數？「當然算！」教授回答，「在你的未來
　的生涯裏，你會遇見很多人，他們都很重
　要，需要你的注意與關愛，即使只是個微笑
　或招呼。」

　我從未忘記這個教訓。我也記住了她的名字叫
　桃樂絲。

喬安娜・C・瓊絲　（Joanne C. Jones）

生命中你有多大的成就，
取決於你怎麼樣
對幼小者的憐惜、
對年長者慈悲、
對奮鬥者的鼓舞，
以及對強者與弱者的寬容。
因為總有一天，你也會變成他們。

喬治‧華盛頓‧喀威爾（George Washington Carver）

心存慈悲，我們以心靈看見：

～聖人之所以為聖人，不是因為他們為人所讚美
　的聖潔，而是因為那個使他們能夠去讚美其
　他每一個人的天賦聖德。

多瑪斯‧牟敦（Thomas Merton）

當愛流過我們，
它將影響我們一切所為。

～只要內在的工作是大，
　沒有一個外在的工作是小。

梅伊斯特‧艾克哈（Meister Eckhart）

打從佛陀時代，人們就已經傳誦著從長養慈愛心的力量中所獲致的種種祝福和功德。

底下就是諸多功德的一部份：

夢境變得甜美。
容易入眠。
睡醒時精神滿足。
心念愉悅。
健康情況進步。
諸天關愛和守護。
動物也能夠感受你的愛而不會傷害你。
到處受人歡迎。
你的孩子會快快樂樂。
東西失而復得。
摔落懸崖時，樹也會擋住你。
你的周遭世界更為祥和。

真正的愛是所向無敵、無法抗拒的，
它將不斷地積聚力量和散發它自己，
直到它轉化了所接觸到的每一個生命。

梅賀‧巴巴（Meher Baba）

擴展延伸你的慈愛，讓它擁抱全人類、全世界……
……。

～失去野獸的人類將會是什麼樣子？假如所有的
野獸都消失了，人類將死於精神上的巨大孤
寂，因為發生在野獸身上的，也將發生在人
類身上。

西雅圖酋長（Chief Seattle）

⋯⋯即使連最小的生物也包括在內。

～一隻小蟲爬過書頁，
　就隨牠去吧！
　我們需要所有的讀者。

洛伊德・雷諾茲（Lloyd Reynolds）

要確定包括你自己。

慈愛的最大障礙是感覺自己不配有愛。如果我們把自己放在愛和慈悲的圈圈之外，我們就弄錯了。

愛和慈悲必定要從善待自己開始。

～遍尋整個宇宙，
　你也沒有辦法發現任何
　比你自己更值得去愛的眾生。
　既然每一個人
　對他們自己而言都這樣珍貴，
　那麼，也不要讓你的自我珍重
　傷害其他有情。

佛陀（Buddha）

慈愛生出自然的悲憫，悲憫的心以仁慈和溫柔擁抱所有眾生的痛苦和悲傷。

～就是這個溫柔的心靈，具備了轉化世界的力量。

邱陽‧創巴仁波切（Chögyam Trungpa）

當我們的心因為面對自己或他人的苦痛而顫動時，悲憫之心油然而生。真正的慈悲是不會被「同情的小我性」，或「荷擔不起的恐懼」所限制。因為，當我們安住在慈悲的大愛裏時，就會發現自己原本脆弱的心有能力去正視、去忍受、去愛顧世界上的痛苦和美麗。

～慈悲就像陽光一樣，給萬物帶來醒覺和喜悅。它的美麗就像彩虹般，可以昇華所有目擊者的心靈。

塔唐祖古（Tarthang Tulku）

愛和悲憫看起來宛如無私的服務。然而，在愛中我們並非服務別人，而是服務「自己」。

愛的交流把我們帶到一個整體中。悲憫並不把世間看到的痛苦和悲傷當作是別人的，而是共同分擔的──「它」是我們的。

當我們承認我們共有的人性和脆弱易傷，愛和悲憫就像我們的呼吸一樣自然，我們會毫不猶豫地伸出幫助的手。

～悲憫是個動詞。

一行禪師（Thich Nhat Hanh）

悲憫在我們周遭處處可見。

當世界貿易中心大火時，有一個人幫助他坐在輪椅上的同事，一次一階地慢慢往下移，就這樣六十八個樓層，他們及時逃出。

另一個人分給好幾百人濕紙巾當作防煙嗆的面罩後，接著才下樓來。

當整棟大樓的辦公人員傾瀉而出，一隊隊消防人員和警察卻本著英勇的心和大悲憫，不斷地衝入救人。

在全球每一個苦難的地方，都可以看到那些已經發覺良善心靈能力去關愛他人的人們，他們願意視人如己地去撫慰照護這個世界的苦難和悲傷。

不分事情大小，一切都值得去愛。

～無私的服務並不只限於激烈的表態（great gesture）、英雄式的行為，或捐獻大筆的金錢給公共機構。在小事上能夠表達關愛的，同屬這個範疇。對傷心人的一句鼓勵，或是在愁雲中給人帶來一個希望的微笑，都應當和巨大的犧牲或英雄式的自我奉獻，同樣被視為是無私的服務。哪怕只是一個關愛的眼神，使人內心的悲苦一掃而空，也是服務——雖然當時可能連所謂服務幫助的念頭也沒有。

在他們自己看來，所有這些只不過是小小的事，但是生命不就是這樣小小的事組合起來的嗎？如果這些小事被忽略不理，那麼生命就不僅僅只是不美，而是無法忍受了。

梅賀·巴巴（Meher Baba）

一個愛的表達或行動，就能夠轉化我們的一天。

顧客們坐在一個共用的原木桌前，每個人的餐盤前有瓶普通大小的葡萄酒。開始用餐前，會有人拿起他的那瓶酒，不往自己的杯子裡倒，而是倒給鄰座的人，接著鄰座的人同樣會有拿起酒瓶回倒，將剛剛那個人的空杯子倒滿。從經濟效益的觀點來看，不增不減，像沒有發生過一樣，沒有人會比開始前多上一點酒；不過，原先不存在的一個充滿互愛的社會，已然出現。

愛和悲憫不是任何團體或宗教系統所專有的，它們原本就織入了人類的心靈和細胞之中——密切和衷心的關照是它們需要的唯一滋養。

～理解、愛與智性的出現與綻放，無關乎任何傳統——無論這個傳統有多古老或多令人印象深刻。它和時間也無關。只要一個人不再害怕、開始困惑、質疑，並且傾聽和尋求，它就會自己發生。當自我中心沈默了、暫放一旁，一切就有了可能。

湯妮・佩克（Toni Packer）

慈愛給了我們能力去照料和祝福任何出現在我們跟前的事物，它是一種沒有來由的快樂與自由，自我充盈而滿足。愛的開闊胸襟，賦予了每個當下與每個遭遇慷慨給與的精神。

有了足夠的愛，沒有不能克服的艱難和困頓；有了足夠的愛，沒有不能跨過的距離；有了足夠的愛，沒有任何障礙是沒有辦法超越的。

我站在那年輕女子的病床邊，她的臉剛動完手術，嘴因癱瘓而扭曲，樣子有點滑稽。一條連接到嘴部的小支脈臉部神經已經被切除，她以後都會是這個樣子。做為一個外科醫生，我保證是以宗教的虔誠去順著她肌肉的線條動刀，但是要切除她臉頰上的腫瘤，我必須切掉那一小點神經。

她年輕的先生也在病房裏，就站在病床的另一邊。她們兩人看起來就像獨自處在傍晚的燈光下，私秘的，將我隔離在外。「這兩人是誰？」我問自己，「他和這張扭曲的嘴，這兩個毫不吝惜的互相凝視、輕觸的人是誰？」

女子開口說話：「我的嘴會一直這樣嗎？」

「是的，」我說，「因為神經已經切除了。」

她點點頭，一片靜默，年輕的先生微笑著。

「我喜歡它，」他說，「它很可愛。」

瞬間，我知道他是誰了，於是把目光謙卑的放低下來。人在看見神的時候，是不敢放肆的。他毫不在意我的存在，彎下腰親吻她變形的嘴。緊立一旁的我，清楚看見他也怎麼樣扭曲著自己的嘴去配合她，好讓她明白兩人的擁吻還是可能的。

我記起在古代希臘，諸神以凡人之身出現，於是我屏息讓這神奇之事進入我心。

理查德·塞爾若醫師（Dr. Richard Selzer）

愛只能在我們所在之處找到。
愛是「比近還要近」。

～你正在找尋上帝嗎？
　我就坐在你身旁，
　我的肩正靠著你的肩。

卡畢爾（Kabir）

愛的裏面有一種天真無邪、一種全心全意的愉悦
和歡喜。

～有一次一個小男孩寄給我一張可愛的卡片，上
　面還畫了小小的圖畫，我很喜歡它。所有孩
　子的來信我都會回，不過，有時候比較匆忙
　些，但這是回我卻磨蹭了一下，在卡片上面
　畫了隻怪獸，並寫著：「親愛的吉姆！我很
　喜歡你的卡片。」

　之後，我收到一封來自他母親的回信，她說：
　「吉姆好愛好愛你的卡片，他把它給吃了。」

　對我而言，這是我曾經收到的最棒的稱讚之
　一。他才不管這是一幅莫里斯·森達克的原
　作呢！他一看到，他愛它，就把它吃了。

莫里斯·森達克（Maurice Sendak）

愛不是空洞遙遠的「理想」而已，它是溫暖，慷慨、直接和立即的。

～一個人如果真要行善，就必需在小小的細項上去做。「澤被大眾」只是偽善者、阿諛奉承者和惡德者的口號罷了。

威廉‧布雷克（William Blake）

愛不須要博取別人的掌聲，就像水，它謙卑低下卻沒有辦法抵擋。愛，並不企圖去導正這個世界。如果我們可以在每個可能的地方，撒下善和正義的種子就很夠了。

～我從來不以大眾當作我的職責，我只著眼在每個個人。我只能一次愛一個人，我只能一次餵一個人。一次一個，一次一個……於是你開始，我也開始。我就這樣從第一個人開始了——當初如果沒有那麼一個人，我就不會有後面的四萬兩千人。

這整個工作只不過是滄海中的一滴。但是如果我不加進那一滴，海洋就會少一滴。同樣的道理也適用於你、你的家庭中、你所居住的社會。只要開始去做就對了……一個，一個，一個。

德蕾莎修女（Mother Teresa）

生而尊貴的你，記得你自己的愛心。信任它，尊
敬它，追隨它，它將帶給你平靜與安詳。

～過去我不認為，
　自己擁有如此多的良善德行。
　其實我比我自己想的，
　還更大更好。

華特‧惠特曼（Walt Whitman）

慈愛的禪修

這個禪修運用話語、意象和感覺，來喚起對自己和別人的慈愛和友善。藉著每一句的念誦來表達自己的企求：在心中一次又一次地種下慈愛祝願的種子。

以愛心為支撐，所有我們想嘗試去做的、所有我們會遭遇到的，將會開展得更容易些。

練習開始

剛開始做慈愛的練習，可選擇一處安靜的地方，練習十五或二十分鐘。以舒服的姿勢坐下，安頓好身體，放鬆自己，讓心變得溫柔，放下任何的計畫和心頭的雜念。

從自己開始，輕柔地呼吸，從心靈深處念誦下面指向幸福的傳統的話語。從自己開始是因為不愛自己就幾乎不可能愛別人。

> 願我自己充滿慈愛。
> 願我從內外在的危險中安然度過。
> 願我的身和心一切安好。
> 願我自在而快樂。

當你重複這些話語時，觀想著現在的自己，並將這個影像保持在慈愛的心中——或者想像自己是一個小小年紀、受人疼愛的小孩更容易些。不妨依照你希望的方式來調整這些話語和想像，找出最能打開自己的慈愛之心確實話語，一次又一次地重複它們，讓這些感覺充分滲透你的身和心。這樣禪修幾個星期，直到對你自己的慈

愛之心生起。

要注意的是,這種禪修偶爾也可能會感覺很機械化或笨拙,有時候更可能勾出跟慈愛相反的感覺,如惱怒和生氣。發生這種狀況時,耐心而慈愛地對待自己就格外重要——要以友善和呵護精神來接納生起的一切。

由己身擴展到別人身上

當你覺得已經對自己建立起較強的慈愛時,你可以擴展你的禪修對象,把別人也包括進來。先專注於自己身上五或十分鐘後,選擇一個在你生命中曾經愛過你,或真正關心你的人,想像這個有恩於己的人,專注地念誦這些話語:

> 願你充滿慈愛。
> 願你從心內或身外的危險中安然度過。
> 願你的身和心一切安好。
> 願你自在而快樂。

用你對恩人所生起的影像和感覺來支持這個禪修,不論它們清不清楚都沒有關係。在禪修當中,這些影像和感覺本來就是不斷在改變的。無論生起的是什麼,只管繼續種下慈愛祝願的種子、只管輕柔地重複這些話語。

表達對恩人的感激是愛的一種自然形式。事實上,有些人發現要對自己慈愛好難,於是他們先從一個有恩於己的人開始練習,這也是可行的。練習慈愛的法則,就是

依著最容易打開你心靈的方式來做。

當對有恩於你的人的慈愛心生起了，你可以逐漸地開始在你的禪修中包括其他所愛的人。觀想每一個摯愛的人，內心念誦相同的話語，一個接一個，喚起對每一個人的這種慈愛的知覺。

接著，你可以更包括其他人——花一些時間祝福更外圍的朋友們一切安好，然後逐漸地擴展你的禪修去觀想和含括社團成員、鄰居、每一個地方的人們、動物、一切眾生、整個地球。

最後，把在你生命中難以相處讓你受苦的人——甚至於你的敵人給包括進來，祝福他們也能充滿慈愛和祥和。這是要花費一些練習的。但是當你的心打開了，一樣先是從摯愛的人和朋友們開始……，你會發現，到最後你不會想要對任何人關閉它了。

慈愛心能隨處練習。你可以在塞車時使用這種禪修，在巴士、在飛機上都可以。當你在人群中靜靜地練習這種禪修，你會立即感覺和他們有了很棒的連結——這個慈愛的力量，它會令你的心識平靜，讓你和你的心——靈犀相通。

能增進慈愛的其他禪修：悲憫的禪修、感恩和喜悅的禪修

悲憫、感激和喜悅是慈愛修行的良伴。悲憫心的練習提供了一個有意識的媒介，來表達我們對世間悲苦的自然關心；而感激和喜悅則可以平衡因悲憫所勾起的悲傷，並喚醒我們內在寬宏與和善的精神。

憑直覺來運用這些禪修——你的心會告訴你的。

悲憫的禪修

人類的心靈具有不可思議的能量，能夠轉化生命中的悲傷成為悲憫的巨流。悲憫在世間痛苦的面前，展示了溫暖和仁慈的力量。當我們允許眾生的痛苦與渴求觸動我們的心時，悲憫就會生起。

練習開始

培養悲憫之心，先讓自己集中精神平靜地坐著，輕柔地呼吸，感覺你的身體、你的心跳、和內在的生命力。去感覺自己有多珍惜生命，在面對悲傷時如何保護自己。經過一段時間後，將注意力轉到某個你所摯愛、和你親近的人身上，觀想他們，並且感覺你對他們自然的關愛。注意自己是如何地將他們放在心上，然後開始去覺知他們的悲傷、他們生命中的苦難。去感覺你的心是如何地打開去祝福他們安好、表達安慰，如何去分擔他們的痛苦並以悲憫面對。

這些都還只是你內心自然的反應，為了更進一步的打開心房，請念誦以下的話語：

> 願你們被擁抱在悲憫中。
> 願你們從痛苦和悲傷當中解脫出來。
> 願你們平靜安詳。

當你在你的心中擁抱著他們時，繼續念誦著這些話語。在你學會去感覺，自己對這個親近之人的深切關心後，將你的悲憫心轉向你自己和你所背負的那份悲傷。念誦

以下話語：

> 願我被擁抱在悲憫中。
> 願我從痛苦和悲傷當中解脫出來。
> 願我平靜安詳。

現在，一次一個人，將你的悲憫獻給每個你認識的人。觀想你所愛的人，一個接著一個，讓每一個人的影像維持在你的心中，關注他們的困境，並且祝福他們安好。

> 願你被擁抱在悲憫中。
> 願你從痛苦和悲傷當中解脫出來。
> 願你平靜安詳。

現在，你可以再進一步開展你的悲憫給你朋友、給你的鄰居、給你的社區、給所有受苦的人、給難以相處的人、給你的敵人，最後，給手足般的一切的眾生。

去感受眾生的美好是如何帶給你喜悅，而任何眾生的苦是如何地令你哭泣——去感覺你和所有生靈之間的慈悲連結。

現在，讓你的心成為世間所有不幸的轉換處。去感覺心間的呼吸，就好像你能夠讓氣息溫柔地進出你的心。感覺內心的慈愛，並且想像在每一個呼吸當中吸進苦痛、呼出悲憫。

開始吸進眾生的悲苦，每吸一口氣，讓他們的悲傷觸及

你的心並且轉化成悲憫，每呼出一口氣，祝願一切眾生安好，將你的關愛和悲憫給予他們。

願你們被擁抱在悲憫中。
願你們從痛苦和悲傷當中解脫出來。
願你們平靜安詳。

呼吸的同時，想像你的心如同一團能夠淨化一切的火焰，能接受世間種種苦難，並且將之轉化為悲憫的光明和溫暖。對自己溫柔些，讓這團火焰在你胸中緩緩地燃燒；如果你有任何內心掙扎，讓這團火焰燃燒掉所有阻礙，讓你的心靈回復到它天生寬宏、開闊、無懼狀態。

當你覺得自己已經準備好了，可以開始透過吸氣，吸進飢餓者的悲傷，戰火中的的哀痛，愚癡無明的不幸；接著，透過每一個呼氣，觀想各處的眾生，呼出悲憫的療癒膏藥。一次又一次，藉著每一個輕柔入息，讓各種形態的生命的悲痛觸動你的心；一次又一次，藉著每一個出息，將悲憫的憐恤和療癒給出去。猶如世界的母親一般，將整個世界攬入你的懷裏，以每一個入息邀請所有的眾生來觸動你，以每一個出息送出悲憫心來擁抱一切眾生。

一段時間之後，靜靜坐著，讓你的呼吸和心自然安頓，如同是世間悲憫的中心點。

要以直覺來做悲憫的練習。有時候可能覺得做起來有些

困難，好像快要被苦痛給淹沒了。記得，我們不是要「搞定」世界的苦痛，我們只是以一顆悲憫的心去面對它，和緩、放鬆、呼吸，不須要武裝或封閉自己。

如果你發現這樣還是困難的，那就轉移你的注意力，回到你個人的幸福安樂上，有耐心地、以悲憫擁抱你自己；然後再選擇一個人——一個能輕鬆自然地喚起你的悲憫的人，逐漸地，學會去信任這樣的心靈的開放。假以時日，你將會發現自己有更深厚的能力，足以面對生命的一切去開放。無論何時，當你遇到世間的不幸在召喚你的心時，就慢慢地回到悲憫之中。

感恩和喜悅的禪修

～如果我們無法在困難時依舊保有快樂，那我們的心靈修
　行有何用處呢？

摩訶瞿沙難陀（Maha Ghosananda ,意譯大音喜）

佛教的僧眾在每一天的開始時，會對生命中的一切恩典
進行感恩的唱誦。老一輩的美國印地安原住民，則會以
感恩的祈禱作為每一個儀式的開始，感謝如母的大地和
如父的天空，感謝如兄妹般的四方、動物、植物以及礦
物和我們一起分享大地，滋養我們的生命。在西藏，出
家眾甚至為他們所受到的痛苦獻上感恩的祈禱：「賜予
我足夠的苦，以喚醒我最深的慈悲和智慧！」

心靈生活的目的在於喚醒充滿喜悅的自由，喚醒那顆不
論在任何情況下都願意行善與慈悲的心。

感恩是對所有供養我們的致上的謝意：對加諸我們身上
的大小恩典禮敬，對支撐我們生活的好運道感謝──要
感恩的太多了。

感恩是對生命本身的信心，在這裡面，我們可以感受到
一股讓小草從人行道的裂縫裡鑽出來的力量，鼓舞著我
們的生命。

感恩讓心靈快樂，它不過度感性，也不嫉妒，更不是評
價──感恩也不去羨慕或比較。感恩讓我們在驚歎中接
受雨水和大地的無盡滋養，接受支撐生命的無窮關愛。

感恩心的增長，帶來喜悅的提昇。在感恩中，我們有勇氣去享受自己和別人的好運。

對開放的心靈而言，喜悅是很自然的，在它懷中，我們不害怕快樂。我們不會錯誤地認為欣然接受快樂是對世間痛苦的不忠。

就像感恩一樣，喜悅帶給心靈歡愉。我們可以為很多事快樂：為自己所摯愛的人、為美好時光、為陽光和綠樹、為我們胸中的呼吸。而當我們的喜悅增長多，我們最後必然發現，快樂自然而來。就像一個天真無邪的孩子，不須特別做什麼就快快樂樂地；我們只要真正的活著，就可以享受生命。

練習開始

靜靜地、自在地坐著，把身體放鬆而開放，保持呼吸自然，讓心從容而安適。用感覺「年復一年你是如何地照護自己的生命」來開始這個感恩的練習。現在，讓你自己開始感謝在這個照護上所有支持你的：

> 懷著感恩，我要記得每天以喜悅的努力來賜福我的種種：人、動物、植物、昆蟲、天空和海洋中的一切生命、以及地、水、火、風。

> 懷著感恩，我要記得過去無數世代的長者，和在我之前來過世間的祖先──他們的照護和耕耘。

感謝賜予我的平安和幸福。

感謝賜予我大地的福佑。

感謝賜予我健康。

感謝賜予我家庭和朋友。

感謝賜予我的社區。

感謝賜予我的所有教導和功課。

感謝賜予我這樣的生命。

對我們所得到的一切福佑感恩，我們也為別人得到的一切福佑而感恩。

繼續輕柔地呼吸，將心念帶到某個你所關愛的人，某個你很容易為他高興的人。觀想他們，並且去感覺自己因為他們的幸福、快樂和成功而生起的自然喜悅。隨著每一個呼吸，獻給他們你衷心的感恩祝福：

願你充滿喜悅。

願你的快樂增長。

願無上的快樂永不離開你。

願你的好運和所有帶來喜悅和快樂的善因增長。

感覺每一句話中出於同理心的喜悅和關愛。當你感覺到因為摯愛的人快樂而起了自然的感恩，延伸這個練習到另一個你關愛的人身上，念誦相同的這些話語，表達你心中的祈願。

然後逐漸地，將那些和自己沒有特別因緣的人、難相處

的人、甚至是敵人，也包括到禪修中——延伸這喜悅，
直到你將遠近老幼的一切眾生都包括進來。

輯本 I

人心可以製造衝突，
也就能夠創造平靜。
我們必須在自己身上找到平靜，
才能在這個世界當中發現平靜。

～沒有比平靜更大的快樂。

佛陀（Buddha）

在我們每一個人的內在，
有一個像宇宙般廣袤開闊的寂靜；
我們都渴望它，
我們可以回到它的懷抱。

要創造和平，
就不能不顧
這個世界上的
戰爭、種族主義、暴力、貪婪、不公不義
和種種苦難。

一定要以勇氣和悲憫
正面遭遇它們。
除非我們追求公平正義，
否則和平終將落空。

而且無論我們做什麼，
我們一定不能允許
戰爭、暴力、和恐懼
接管我們自己的心靈。

無論是什麼狀況，
除非我們自己能夠平靜，
否則我們是沒有辦法創造出平靜的。

～當擁擠的難民船遇上了暴風雨或海盜船，如果
　每一個人都因此驚慌失措，所有人都會沒
　命；相反的，哪怕船上只有一個人能夠保持
　冷靜和專注，他就能夠為每一個人找出活命
　之道。

一行禪師（Thich Nhat Hanh）

有些人發現了
他們能夠放棄
具破壞性的慣性反應，
並且能夠變得
如大地般地具足耐性，
不為憤恚之火或恐懼所動，
像根柱子般屹立不搖，
像一潭清澈寧靜的水池不被擾亂。

法句經（Dhammapada）⑤

平靜，
是從平等心和平衡而生。
平衡的心態是有彈性的，
它是一種可以得體地隨順變化的能力。
當我們接受事物如實呈現的樣貌，
平等心就在這裏生起。

～如果你預期你的生命必然有高低起落，你的心
　會更加平靜。

耶喜喇嘛（Lama Yashe）

邁向理解生命的奇妙與神秘的第一步，是認識世俗人性的殘暴本質以及它的神聖榮耀面；要承認生命就是這樣，而且不論現在或未來，它都不會改變。

那些自以為知道如何創造世界，想要建立一個沒有痛苦、悲傷、沒有時間、沒有死亡的新世界的人，其實是無法啟迪的，而像這樣的人太多了。

如果你真的想幫助這個世界，那你最該做的事，是教導人們如何生活在這個世上。不過，除非一個人曾經如實認知生命，學會如何活在體會生命時的那種「悲傷的喜悅和喜悅的悲傷」當中，才有可能去教導別人。

約瑟夫・坎貝爾（Joseph Campbell）

讚歎與指責，
得到和失去，
愉快及苦痛，
聲譽並毀辱。
世間為八風，
變化不停歇。

猶如堅固山，
不為風所搖；
世上此八風，
智者心不動。

佛陀（Buddha）

擁抱喜悦也擁抱悲傷，
我們的心靈可以保有
溫柔和智慧。

～走過最黑暗的夜晚，
　我們可以帶著明亮燦然的信心，
　堅信所有事物一起作用
　是為了能更好。

馬丁路德・金恩（Martin Luther King Jr.）

平靜不是將困難與無常摒除在外，
所以，不要將退縮或漠不關心和平靜混為一談。
退縮與漠不關心都只是平靜的仿冒品，
是用恐懼來關閉自己的方法，並非真正的平靜。
我們應該以它們是什麼來看待它們。

撤離，把我們
從連結、從開放、從愛中帶走。
當我們由於恐懼而退縮，我們逃開了——
我們以為和別人切離就會安全。
撤離
不是真正的內在平靜。

漠然，偽裝平靜，所依靠的是毫不關心，沈默的
放棄。它將自己帶開，讓內心深處的恐懼滋養這
種隔離。我們退縮，失去勇氣，認為發生在別人
身上的不關己事。

漠然

是一種錯誤的自我保護。

心靈的平靜
不是情緒性的聽任不理，而是一種開放，
一種以慈悲面對不斷變化的世間的開放。

藉著平靜
我們可以照看好所有的事，
而毋須控制。

我們可以培養對眾生的慈悲心，努力地去減輕世間的痛苦，但是還是有太多的情況是我們無法改變的。就像雷霍·尼伯（Reinhold Niebuhr）著名的寧靜祈禱文所寫的：

請賜我平靜，接受我不能改變的事；
賜我勇氣，去改變我能改變的；
賜我智慧，去分別是非善惡。

接受不是指沒有行動。
我們也許須要去回應，
偶爾還得強烈地回應。

從一個平靜安詳的中心，
我們回應，不是慣性反應。
下意識的慣性反應製造麻煩，
省慮過的回應帶來平靜。
帶著一顆平靜的心靈，
無論發生什麼事，
都能夠用智慧來迎接。

平靜不是軟弱，
它是不可動搖。

對於這個世間的種種，
抓得太緊了，
愛執就生起。

一意堅持要它如何如何，
忿恚就此誕生。

明瞭「改變」的不可避免，
就不會讓「困惑」遮蔽了心識。

～面對轉瞬即逝的世間，
　不要執著也毋須恐懼。
　信任生命的開展，
　你將達到真正的平靜。

薄伽梵歌（Bhagavad Gita）

一旦發現我們能夠以一顆開闊沒有戒備的心，去尊重生命的不同季節時，真正的平靜就會到來。在這樣的平靜中，我們學習去信任，安住在事物的如實呈現中，衷心地去接受加諸我們身上的那分喜悅或悲傷。

如果你將一整匙的鹽巴
放在一杯水裡，
味道嘗起來會非常鹹；
如果你將同樣一匙鹽
放到一湖清水中，
它的味道依然清冽。

當我們的心靈像天空一樣開闊，
如海洋般廣大，
平靜就來。

不要認為
平靜是不可能的。

原諒的禪修

我自認自己並不比一般人強，能力也在一般水準之下。我相信，任何人如果和我一樣的努力，培養了同樣的希望和信心，他們都可以達到我所達到的。

甘地（Gandhi）

要發現平靜，
我們必須放棄掙扎，
停止和生命作戰。

～人類經常處於衝突狀況中，以戰爭去逃避自己
　對很多失控局面無能為力的事實。但是，除
　了逃避，我們又不斷繼續製造苦受：用邪惡
　開戰，也用善意開戰；用「什麼太小」開
　戰，也用以「什麼太大」開戰；以什麼「太
　長」或「太短」開戰，也用什麼「對」或
　「錯」開戰。

阿姜查（Ajahn Chah）

吸一口氣，拿出信心。

只需一個勇敢的放手，心靈就能夠得到自由。

這就是所謂的「不安全中」的智慧。

～「安全感」幾乎可以說是一種迷信，

　　它既不存在於自然界中，

　　所有的孩子也沒有經驗過。

　　長遠來看，

　　躲避危險並不比坦然面對來得更安全。

　　生命若不勇於冒險，將什麼都不是。

海倫・凱勒（Helen Keller）

上個世紀，有個來自美國的旅人去拜訪知名的波蘭猶太教士赫菲茲・查姆（Hofetz Chaim）。

當他看到教士的家裏，就只是一間放滿書本外加一個桌子和一條長凳的簡單房間時，感到十分驚訝。

「教士，」旅人問：「你的家具都在哪裡呢？」

「那你的呢？」赫菲茲回問。

「我的？」一臉困惑的美國旅人說：「我只是一個過路客啊。」

「我也是，」教士說：「我也是。」

《正統派猶太教徒故事集》（Tales of the Hasidim）

平靜要求我們放棄
對掌控的幻想。
我們可以給人愛和照護，
但無論我們的孩子、摯愛的人、家庭、或朋友，
卻都並非我們所有。
我們可以協助他們、為他們祈願，
和祝福他們平安，
但是終究
他們的快樂和痛苦
取決於他們的心念和行動，
而非我們的期望。

連很努力地想做好，也可能
失卻重心。

～容許自己被大量互相衝突的關心給帶走、順從
　太多的需求、投入太多的計畫、想幫助每一
　個人做每一件事，其實是屈服於我們這個時
　代的暴力。

　　　　　　　　　　　　湯瑪斯・牟敦（Thomas Merton）

原諒的禪修

真相是，
無論我們往哪一條路走，
困難都將生起。

全世界首位獨自划船橫跨大西洋的女性——湯妮‧瑪登（Toni Murden）曾經說：

～如果你知道自己獨自一人在汪洋裏又黑又怕是什麼滋味，那麼你就感受到了其他的人所曾經經歷過的。我渡過了真實的海洋，而其他的人渡過和我不相上下的礙難。

我們能夠接受這個事實嗎？

上帝給了，
上帝又拿走了。

舊約聖經〈訓道篇〉⑥中的古老話語提醒我們：

～事事有時節，天下任何事皆有定時：
　　生有時，死有時，
　　栽種有時，拔除栽種的亦有時；
　　殺戮有時，治療有時，
　　拆毀有時，建築有時；
　　哭有時，笑有時，
　　哀悼有時，舞蹈有時。

道家也這麼教我們：

～有領先在前之時，
　也有落在人後之時；
　有運作進行之時，
　也有靜止休息之時；
　有精力充沛之時，
　也有筋疲力竭之時；
　有安全無虞之時，
　也有身處危境之時。

大師明瞭事物只是如其本然，
而不試著去控制它們。
他隨順它們以自己的方式呈現，
並且安住在這個圈子的中心。

放下不是指
擺脫。

放下是指
就讓它如是。

當我們帶著悲憫心「讓它如是」，
事物就如其本然地
來和去。

我們可以指揮的是我們的行為
而不是它們的結果。

～人類解脫自在的奧祕就是去做好，
　但對一切結果不抱執著。

薄伽梵歌（Bhagavad Gita）

當我們往一邊站開，
新的事物於焉誕生。

～種子決不會看到花朵。

禪的教導（Zen Teaching）

沒有智見，
我們的擔心、憂慮和種種念頭
創造了巨大的、不必要的問題和麻煩。

～我的生命已然充滿糟透了的不幸
——而大部分的不幸其實從來沒有發生。

馬克·吐溫（Mark Twain）

我們知道生命是說變就變地。
雖然外在的事情可能是艱困的，
而通向快樂的鑰匙
在於我們的心是怎麼樣地對困難回應。

～大部分的人相信，心像面鏡子，或多或少精確
　地反映外在的世界；而沒有瞭解到，其實相
　反地，心才是創造一切最重要的元素。

泰戈爾 （Rabindranath Tagore）

心創造二者——
世間的牽纏，
和從它們當中解脫。

這個其實很簡單——
就只是念頭。

一旦我們認出這些念頭都是具足空性的，
心識就不再有欺騙、迷惑我們的力量。

頂果欽哲仁波切（Khyentse Rinpoche）

我們可以迷失在自己的念頭和恐懼中。
或者，也可以記得去呼吸，
去柔軟心靈，去信任。

〜有時候我不免
　自憐自傷，
　而同時也一直被大風吹拂
　穿越天空。

北美歐吉布威族印地安人（Ojibway Indian）

我們可以和本來就存在的去對抗，
我們可以評論責怪別人或自己，
或者，
我們也可以接受所有不能改變的事？
平靜來自一顆接受真理、可敬的開闊心靈。

我們想繼續被困住嗎？
還是我們可以解開讓人害怕的自我意識，然後安
住在我們所在之處？

生活的藝術……既不是漫不經心地隨波逐流，也不是憂懼地執著過去不放，而是在於對每一個當下保持敏銳。把每一個當下視為全新和獨一無二的，在於保持這個心的開放和完全地接受。

艾倫·瓦茲（Alan Watts）

要能夠活在當處和當下，你必須訓練你自己：
看就只是看，聽就只是聽，感覺就只是感覺，想
就只是想——那就是悲苦的止息。

佛陀（Buddha）

我們須要在慈悲中握住什麼
才能在當下保持平靜？

我們須要放下什麼
才能在當下保持平靜？

就像一位搭乘火車的旅客，
我們可以放下我們的行囊；
我們可以放掉我們緊緊抓著的，
並且信任生命的不斷開展。

不用擔心，
我們將生在一個生命之網裏，
永遠也掉不出來。

～我們將陷在這個互相依存的生命網絡中，沒有
　辦法逃離。被唯一的一件命運之衣所裹縛。

馬丁路德・金恩（Martin Luther King Jr.）

我們可以瞭解，雖然每一個人所扮演的只是一個少少的一點，然而每一分貢獻卻都關乎全體。

～「告訴我一片雪花的重量！」一隻煤山雀問一隻野鴿。

「幾乎沒有！」野鴿回答。

「那麼，我必須告訴你一個奇妙的故事……。」煤山雀開始說，

「我坐在一棵冷杉的枝椏上，非常靠近主幹的。天開始下雪，雪不大，不是暴風雪，而是像夢一般美麗、溫柔的飄雪。當時我沒有更好玩的事可做，所以就數起我坐著的那條枝幹上，落在小樹枝和針葉上的雪花──一共是 3,741,952 片。接著落下一片如你所說的『幾乎沒有』的雪花，那根枝椏應聲而斷。」

說到這裡，煤山雀一溜煙飛走了。這隻鴿子，打從諾亞時代就是知曉變化的權威，還想著這個故事半晌，最後，開口告訴自己：「或許就差這麼一個人的呼喊，和平就會來到這個世界。」

寇特・考特（Kurt Kauter）

雖然我不相信種子未落之處會有植物冒出，我卻對一粒種子具有無比的信心。讓我確信你那兒有粒種子，我就準備好了期待各種驚奇。

亨利‧大衛‧梭羅（Henry David Thoreau）

我們可以播下種子，
並且信任。
這樣做，我們找到了我們的重心。

生而尊貴的你……
種下悲憫的種子，
並且放手進入這個包含萬物
的廣闊覺知，
就安住在這個永恆現在，
讓此成為你休憩安止之處——
你的安全，你的家。

原諒的禪修

鬥牛場裡，有個牛隻覺得安全的地方。如果牠可以到達這個地方，停下來，就能夠積聚牠完全的力量。牠不再害怕……。去知道這個牛隻的庇護所在，確定牛隻沒有時間先佔據這個最好的地方，這是鬥牛士得做的工作。

這個牛隻覺得安全的地區就叫作「克靈西亞」（querencia）。而對人類來說，「克靈西亞」則是在我們內心世界的一處安全的所在……。當一個人找到了他們的「克靈西亞」，就算是鬥牛士在那兒虎視眈眈，他們也能夠沈著而平靜，具足智慧——因為他們從四周聚集了力量。

瑞秋・內娥米・黎門（Rachel Naomi Remen）

以平靜平穩的心，我們可以看得清楚。

～使我們的心像一潭寧靜的水，很多眾生就會聚
　集到我們身邊，他們可能因此看到自己的反
　影。也就是說，眾生能夠在當下活出一個更
　清楚甚至更為熱情的生命——就因為我們的寂
　靜。

威廉·巴特勒·葉慈（William Butler Yeats）

從這個寂靜中心
我們得以完全地進入生命，
而我們的心依然保持自由。

～有智識的人
　同一般人一樣地流汗和喘氣，
　只不過他們生命的愚蠢
　都在控制之中。

唐望（Don Juan）

這是一個禪的故事：

在韓國內戰時期，某個將軍帶領著他的部隊一省打過一省，佔領所有橫在面前的地方。有個城鎮的人們，大家都耳聞過他殘酷的故事，一聽說他要來，全都逃進山裏面去了。這位將軍帶著他的部隊抵達了這個空無人跡的城鎮，分遣部屬搜查整個城鎮。一些士兵回來報告，只剩下一人留著——是一位禪師。將軍二話不說，大步跨向寺院，走進寺裏，拔出他手上的劍，說：「你不知道我是誰嗎？我就是那個能夠把你一劍刺穿也不眨個眼的人。」

禪師回看了一下，平和冷靜地回答：「而我，將軍！我就是那個能夠被一劍刺穿而不眨眼的人。」這位將軍聽到了這兒，深深鞠躬之後就離開了。

當我們能夠以宏觀的遠見來看視，智慧就出現了。

我們的生命在永恆的星系中開展，

隨著所有星球的運轉，

我們在

黑暗與光明、

生與死、

快樂與悲哀間

循環。

～去感覺你還沒有受生，感覺你在子宮裏，感覺你年輕，感覺你老了，感覺你死了，感覺你在死後的世界。在你的腦海中同時領會這所有的一切，全時間、全方位，不分大小——所有的物質、所有的品質。於是，你就能夠以神的眼光看視了。

赫密斯（Hermes Trismegistus）

當你用宏觀的視野來看，生命不過是一場遊戲。

～你八歲大。

在一個星期天的晚上，你被額外特准晚一個小時上床。

家人在玩大富翁的遊戲，他們說你已經夠大了，可以加入一起玩。

你輸掉了，你不停地輸，你的胃擔心到痙攣……堆疊在你面前的紙鈔幾乎要沒了。你的哥哥們不斷從你的街道上奪走所有的房子──連最後一條街也賣掉了，你得投降了，你已經輸了。

而突然間你意識到這只是個遊戲罷了，你高興得跳起來，不小心將燈給撞倒了。它掉到地上，還連帶一起拖了個茶壺。其他人都很

生氣，而你在上樓後自已卻笑了出來。

你知道，對你而言，你已然看到了什麼也不是和什麼也沒有的喜悅。而明白了這個，帶給你無比的自在。

魏特寧（Janwillem van de Wetering）

我們可以感覺到身邊無時不在變化的浪濤，
吸一口氣、放鬆。
我們可以安住在永恆的當下，
這平穩的一點。
我們可以學習不論發生什麼事，
自己就是家。

～這是隻離拍岸浪花一百呎遠的鴨子，
載沈載浮，依偎在海面的起伏上。
現在，大西洋面有大浪升起，
而牠正在其中。
鴨子可以在大西洋洋面高舉時安然其上，
因為牠安住在大西洋。
也許牠並不「知道」海洋有多大，
甚至你也並不知道，但是，牠「瞭解」它。

那麼，我問你：牠做了什麼？
牠只是坐在洋面上，

隨時回應海洋──無休無止。
這就是宗教信仰！鴨子有了，
而你呢？

唐納德‧C‧巴伯科克（Donald C. Babcock）

佛法的教導提醒我們
把這個飛逝短暫的世間看作：

～如黎明的星辰
　夏日烏雲裏的閃電
　回聲
　彩虹
　幻影和
　夢。

金剛經（Diamond Sutra）⑦

當我們感覺
我們的生命在消逝，
生命變得更形珍貴了：
如夕照的金光、
秋天的楓樹、
摯愛之人至情的凝視。

～只有一個世界──那個此刻緊緊貼著你的世
　界，只有一刻你活在其中，那就是此地此時
　的這一刻。活在世間的唯一方式就是接受每
　一刻，將每一刻視為一個不可能再重複發生
　的奇蹟般接受它。

瑪格莉特‧史東‧詹姆生（Storm Jameson）

無論在哪？
當我們真正地活在當下，
我們與平靜同在。

～執大象，
　天下往。
　往而不害，
　安平泰。

道德經 （Tao Te Ching）

不要害怕去
賭一下平靜，
去教別人平靜，
去活在平靜中……。

平靜將會是歷史的最後留言。

若望‧保祿二世（John Paul II）

於是，而一切都會很好，
萬事萬物
都會很好。

諾里奇的朱利安（Julian of Norwich）

平等心和平靜的禪修

以一個舒服的姿勢坐下，把眼睛閉上。輕柔地將注意力帶到你的呼吸上，直到你的身和心都寧靜下來。思惟一下一顆平衡和無分別的心所能帶來的利益，去感覺一下這是件多好的禮物，能夠為你與周遭世界帶來平靜。去感受內在的平衡和自在，然後，隨著每一個呼吸，開始輕柔地重複底下的話語：

> 入息，我的身體平靜下來；
> 出息，我的心也平靜下來，
> 願我平衡！
> 願我安詳！

安住在上述的話語中，直到身心都定靜下來。然後，將這種寧靜的感覺擴展為一個開闊的平等心。承認接受所有被創造出來的事物都會生起而後逝去：喜悅、悲傷、愉快和痛苦的事情、人們、建築、動物、國家、甚至所有的文明……——讓你自己在這當中安住。

> 願我學會以平等心和平衡的心來看待
> 所有事物的生起和逝去。
> 願我開闊、平衡和平靜。

當你建立了平等心和平靜的感覺，開始觀想你所摯愛的人，一次一位。仔細地念誦底下相同的話語：

> 願你學會以平等心和平衡的心來看待
> 所有事物的生起和逝去。

願你開闊、平衡和平靜。

用平靜包圍你摯愛的人的影像，盡你所能輕柔地呼吸，耐心地祈求平靜，無論內在生起什麼，只管重複著這些話語。

等平等心和平靜的質素增長了，你可以漸漸地擴展你的禪修去包括更多的人。從有恩於你的人、那些關心愛護你的人開始，一個接一個地觀想他們，內心念誦著相同的話語，繼續不斷地獻上一個個平靜的祝福。然後，逐漸地擴展禪修的範圍，按部就班地將朋友、鄰居、沒有特別因緣的人、動物、一切眾生和整個地球，都給包括進來。

願你們學會以平等心和平衡的心來看待
所有事物的生起和逝去。
願你們開闊、平衡和平靜。

最後，你可以把在你生命中難以相處──甚至敵人也包括進來，祝福他們也能找到平等心和平靜。

當你在心中想著這些人時，按佛教傳統來說，要先承認一切眾生是他們自己「業」的承受者，一切眾生都會身受自己行為的結果，他們生命的生起與逝去，是根據他們自己所造作的行為而定。我們可以深切地關照他們，但我們終究是無法為他們行動、無法為他們放下，也無法為他們去愛。為了能夠釋懷，你可以念誦：

你的快樂和痛苦取決於你的行為
而不是在於我對你的祝福上。

以智慧來思惟眾生以及他們的行為，你可以一個一個觀
想，回到以下這些簡單的話語：

願你安住於平靜的心。
願你具足平衡與安詳。
願你以慈悲和平等心面對所有世間的事物。

繼續這樣的練習，想一次練習多久或多頻繁都可以；在
自然的大平靜中，呼吸，並且讓你的心靈安住休息。

能增進「平等心和平靜」的其他練習：海洋之心、明鏡之心、天空之心

底下的幾個禪修練習能夠幫助心靈的澄明與開放。它們會帶來智慧、開闊和平靜。一個一個去探索它們，去感覺每一個影像和練習都是扇通往自由與平靜的門。

海洋之心

～培養一顆寬闊如水的心，
在這裡面去體驗
愉悅和不愉悅兩者的出現和消失，
都能夠沒有衝突、掙扎或傷害。
安住在此廣闊如水的心中。

佛陀（Buddha）

舒服而自在地坐著，身體放鬆，保持呼吸自然，閉上眼睛。作幾個深呼吸，在每個呼氣都放鬆下來，讓自己寧靜下來。

現在去感覺或想像你的心像浩瀚的海洋，感覺你自己在海底，寂靜而自在地沈在海洋的最深處，在廣闊寧靜的水中休息。去感覺聲浪、感受和念頭如何在海中生起，而大海卻不受干擾——念頭和影像，如海面上的波浪來了又去。讓種種音聲和感受的浪花自然浮起、變化、消失，所有在禪修中的經驗的生起和逝去，前進而不受抵抗，消失卻不掙扎。安住在此深沈的平靜中，讓你的心如海水般，收受一切，卻穩靜而不受干擾。

保持這樣，直到你感覺真正地清新與平靜。然後才輕柔地帶著你的穩靜回到這個世界。

明鏡之心

～潔淨心鏡，

　無心無鏡無可拭。

禪語（Zen sayings）⑧

舒服地坐著，讓你自己全然地安頓在當下這片土地上。作幾個深呼吸，每個呼吸都和緩地吐出，讓你自己放鬆下來。

現在，讓你自己完全地在當下，保持警覺，想像你的心就如一面在身後的大鏡子，它明淨、光亮、平滑，不會因為所有映照的事物而失去它的光澤。

去弄清楚各種影像和念頭、喜悅和悲傷、計畫或回憶的生起，是如何如實地被反映呈現，無須去評斷、執取或討厭。這種種的念頭、音聲和感受的生起，就好似鏡中的反影，雖被看到了，但是無法造成傷害，也沒有力量干擾。

心如明鏡地安住一段時間，然後再讓它回到這個世間裏——清明、不慣性反應而內在平靜。

天空之心

～培養一顆遼闊如虛空的心，
在這裡去體驗
愉悅和不愉悅兩者的出現和消失，
都能夠沒有衝突、掙扎或傷害。
安住在一個遼闊如天空的心中。

佛陀（Buddha）

舒服而自在地坐著，讓你的身體放鬆安靜，呼吸保持自然，閉上眼睛。或者坐在你能夠和靜地凝視遠處的地方，作幾個深呼吸，和緩地吐出來，讓自己安定下來。

現在將覺知從呼吸移開，傾聽你周遭的種種聲音，覺知著那些聲音的大或小、高或低、遠或近。就只是聽！覺知所有的聲音是如何地生起又消失而不留一絲痕跡。以一種放鬆的、開放的方式傾聽一段時間。

當你傾聽時，想像自己的心並不侷限在腦海裏，感覺你的心正不斷地擴大如穹蒼，廣大、明澈，遼闊而沒有內或外。讓你的覺知就如無垠的天空一般，向每一個方向擴展。

現在你所聽到的種種聲音，將在你自己遼闊如天空的心中生起和逝去。放鬆！並且就只是聽，讓種種聲音來和去，就像飄過你覺知的天空中的片片雲朵，出現、消失，無有抗拒。

當你安住在這個開闊的覺性，覺知種種念頭和意象是如何地也像種種聲音一樣生起和消逝，讓種種念頭和意象來去，無有掙扎或抗拒，愉悅的和不愉悅的念頭、意象、話語和感覺在心識的空間裡不受約束地移動，問題、煩惱、喜悅和悲傷，就像心天裡的雲朵來來去去。

經過一段時間之後，讓這個開闊的覺知重新回復注意身體，去注意身體與呼吸的感受，在覺知的心天中，它們也像飄浮的雲朵，變化流逝。呼吸兀自呼吸著，像微風般，身體不再堅實，倒像有硬有軟、有壓力有刺感、有冷有熱等種種感受的地方，飄在覺知的心天裡。

讓呼吸如微風拂過，安住在開闊中。讓種種感受飄流和改變。讓所有的念頭、意像、感覺、音聲，在澄澈開放的覺知心天裏，如雲朵般隨意來去。

最後，專注在覺知本身。注意覺知的心天是如何地自然清朗、一目了然、永恆、沒有衝突矛盾、允許一切但不被它們所限。

「生而尊貴的你，記得你自己真實本性的這個純淨遼闊的天空。回到它、信任它──它是你依止的家。」

祈願

書中關於原諒、慈悲和平靜這些話語和練習的所有祝
福，喚醒你自己內在的智慧和啟發你的慈悲。

　　願你一切安好
　　願你快快樂樂
　　願你平靜安詳
　　而透過你心靈的祝福
　　願這個世界和平與安詳

Shanti, shanti, shanti.
寂靜，寂靜，寂靜。

致謝

我向我的老師們和諸長老的傳承——他們如此慨然地提供這些教導——致上我的感激。特別是我在此向摯愛的「柬埔寨甘地」之稱的摩訶瞿沙難陀長老（Maha Ghosananda，或譯大音喜）禮敬，因為他對於我們當中這麼多人是這麼認真地賦予了他的慈悲。

書中的諸多禪修是典型傳統的佛法教導。這些練習當中的「心像天空」及「和解的禪修」，我希望分別地感謝約瑟夫・哥德史坦（Joseph Goldstein）和菲利浦・摩費（Philip Moffitt）。我感謝諾曼・費雪（Norman Fischer）在「感恩」這個部分的話語。同樣地，我感謝所有我其他共事的指導老師們所給我的一切。

Bantam Books 出版社的執行編輯湯妮・柏班克（Toni Burbank），以她慣有的智慧心靈和敏銳的眼光，潤飾了這些篇章。她是我求之不得的最好且最有幫助的編輯了。我也感謝朱莉・多諾凡（Julie Donovan）耐心地謄錄這些文字。

而我學到關於慈愛最多的，總是來自我的家人，我的兄弟們羅倫斯（Laurence）、艾文（Irv）和肯尼斯（Kenneth），我了不起的太太莉雅娜（Liana）和心愛的女兒凱洛萊（Caroline）。

這篇「致謝」之後的「來源與許可」（請見【附錄一】），是關於一些以不同形式流傳下來的故事。它們是我們宇宙資產的一部分，這些故事蘊含著過去代代相傳的活生生的智慧，是童年時、在壁爐邊、在宗教的典籍裏，或是從某位

敬愛的老師那兒，所重複傳述著的故事。它們幾乎不曾是「新的」。它們是我們人類心靈的故事。為了儘求圓滿，底下的「來源與許可」中列出了我所能找到的當前的來源與出處；當然到最後這些故事，也終將成為我們在傳誦中所共同分享的一些入門題材。

對於這些，以及書中其他引用的，個別已有標明的好資料，我衷心地感激，謝謝這些作者和譯者。

對於底下從他們書中取用了好資料的一些出版社和作者，致上感激的謝意：

●引用自 *Man's Sources for Meaning* by Viktor E. Frankl. Revised edition published by Washington Square Press, 1988.

●引用自 *Owning Your Own Shadow* by Robert A. Johnson. Copyright © 1991 by Robert A. Johnson. Published by HarperCollins Publishers, Inc.

●來自 *The Dhammapada : Sayings of the Buddha translated* by Thomas Byron. Reprinted by arrangement with Shambhala Publications, Inc., Boston.

●引用自 *The Drama of the Gifted Child* by Alice Miller. Revised edition published by Basic Books, 1996.

●來自 *The Places that Scare You* by Pema Chödrön. Reprinted by arrangement with Shambhala Publications, Inc., Boston.

●來自 collection *The Best of Bits and Pieces*, author unknown. Reprinted by arrangement with the Economics Press.

●引用自 *Women and Honor:Some Notes on Lying* by Adrienne Rich. Published by Cleis Press, 1977.

●引用自 *The Gift :Imagination and the Erotic Life of Property* by Lewis Hyde. Published by Vintage Books, 1983.

●來自 *The Gift : Poems by Hafiz, The Great Sufi Master*, by Daniel Ladinsky. Copyright © 1999 by Daniel Ladinsky. Reprinted by permission of the author.

●來自 *Mortal Lessons : Notes on the Art of Surgery* by Richard Selzer. Copyright © 1996 by Richard Selzer. Reprinted by permission of Houghton Mifflin Co.

●來自 *The Kabir Book : 44 of the Ecstatic Poems of Kabir* by

Robert Bly. Copyight © 1971, 1977 by Robert Bly.
Reprinted by permission of Beacon Press.

●摘錄自 *Tao Te Ching* , translated by Stephen Mitchell.
Copyright © 1988 by Stephen Mitchell.Reprinted by permis-
sion of HarperCollins Publishers, Inc.

●來自 *A Glimpse of Nothingness : Experiences in an American
Zen Community* by Janwillem Van De Wetering · Reprinted
by arrangement with St. Martin's Press.

【附錄二】相關資料補充

編輯部

對於作者書中引用而標示的出處或人名，補充以下簡介，供讀者們參考：

● 維克多‧E‧法蘭可（Viktor E. Frankl，1905 — 1997），奧地利精神治療專家，自納粹集中營裏生還。「意義療法」是他所創的精神醫療方法，《意義的追尋》（*Man's Search for Meaning*）一書曾經被美國國會圖書館列為美國十大最具影響力書籍之一。

● 梅賀‧巴巴（Meher Baba，1894 — 1969），印度靈性大師。

● 佛陀（Buddha）：印度的釋迦牟尼佛，他是人間圓滿的覺者，一生行化，所留下的法教，為世間明燈，導人向覺。

● 尼爾森‧曼德拉（Nelson Mandela，1918 —），南非黑人民族主義領袖和政治家。他和戴克拉克（F. W. de Klerk）因致力於終止南非的種族隔離政策，以及和平過渡為非種族的民主制度，而在 1993 年共獲諾貝爾和平獎。1994 年在南非第一次全種族大選中當選為總統，成為南非首位黑人總統。

● 《薄伽梵歌》，梵文的意思是「天神之歌」，是印度兩大史詩之一《摩訶婆羅多》的一部分。其體裁是武士阿周那王子和為他驅車的黑天（毗濕奴大神的化身）之間的對話。

● 亨利‧華滋華斯‧朗非羅（Henry Wadsworth Longfellow，1807 — 1882），美國詩人，出版《夜吟》（1839）、《海華沙之歌》（1855）、《邁爾斯‧司坦迪希求婚記》（1858）和《路畔旅舍的故事》（1863）等詩集，使他成為 19 世紀美國人最喜愛的詩人。

● 愛麗絲‧米勒（Alice Miller，1923 —），生於波蘭，瑞士著名的兒童心理學家。

● 佩瑪‧丘卓（Pema Chödrön，1936 —），美國人，西藏金剛乘比丘尼，是北美第一座藏密修道院──甘波修道院院長，著有《當生命陷落時》、《與無常共處》等書。

● 艾倫‧華勒士（Alan Wallace），美國人，曾經整理達賴喇嘛的

宣講編輯成書。

●法句經（Dhammapada），古老的佛教經典，為釋尊傳法時即興的偈頌集。在不同時期的編集中，有 26、33、39 品三種不同品數的集本。這是上座銅鍱部巴利文(Pali)的傳誦本，共有 423 首偈頌，分為 26 品，屬於初期的集本。

●賈利浦（Ghalib，1797 — 1869），印度烏爾都語（Urdu）詩人。

●約翰·基雅迪（John Ciardi，1916 — 1986），義大利裔美國詩人、翻譯家和詞源學家。

●亞伯特·卡繆（Albert Camus，1913 — 1960），1957 年獲諾貝爾文學獎。

●班傑明·富蘭克林（Benjamin Franklin，1706 — 1790），美國印刷商、出版商、作家、發明家、科學家和外交家，以其在美國殖民地脫離英國統治和協助起草《獨立宣言》、美國憲法所扮演的角色最有名。

●亞歷山大·索忍尼辛（Alexander Solzhenitsyn，1918 —），俄國小說家和歷史家，1974 年被逐出蘇聯。1970 年諾貝爾文學獎得主。1990 年正式恢復其蘇聯國籍，1994 年他結束流亡生涯重返俄羅斯。著有《癌症病房》、《古拉格群島》等書。

●馬丁路德·金恩（Martin Luther King Jr.，1929 — 1968），美國黑人民權運動領袖，1964 年獲諾貝爾和平獎，1968 年遇刺身亡。對結束美國南方和其他地區為法律所承認對黑人的種族隔離，有著卓越貢獻。

●多露西·戴（Dorothy Day，1897 — 1980），美國人，1933 年和彼得·摩里恩創立「天主教工人運動」組織。

●亞卓安娜·里奇（Adrienne Rich，1929 —），美國當代詩人、理論家，女權運動倡導者。

●喬治·華盛頓·喀威爾（George Washington Carver，1864 — 1943），美國農業化學家和實驗家，協助制定美國南方農業開發計畫，在美國內外曾享負盛名，曾經被選為倫敦皇家協會會員。

●多瑪斯·牟敦（Thomas Merton，1915 — 1968），生於法國，

後移居美國，天主教隱修會神父、詩人、作家。1948年發表自傳體作品《七重山》，開始受到國際上注意，他的早期作品內容限於靈修，晚近的作品則顯示他對東方的哲學和神祕主義造詣甚深。

● 梅伊斯特‧艾克哈（Meister Eckhart，約1260－1328），天主教道明會神父，為狄奧尼修神祕主義代表人。

● 西雅圖酋長（Chief Seattle），生於十八世紀末，十九世紀北美洲西北角印地安索瓜米希族的酋長。以智慧統治人民。

● 邱陽‧創巴仁波切（Chogyam Trungpa，1939－1987），為第十一世創巴仁波切，噶瑪噶舉派的重要上師，「邱陽」意思是「法海」或「法教之大海」，1967年在蘇格蘭建立西方第一座佛教修行中心。1977年創設「香巴拉訓練」課程，並組織了香巴拉國際學會（Shamrbhala International）。其著作有《突破修道上的唯物》、《東方大日》等書。

● 塔唐祖古（Tarthang Tulku），創寧瑪巴中心（Nyingma Centers）。

● 一行禪師（Thich Nhat Hanh，1926－），生於越南中部，以禪師、詩人、人道主義者聞名於世，著作超過八十本，都是教導人們在生活中實踐佛法，已在台灣出版的有《正念的奇蹟》、《你可以不生氣》、《與生命相約》等書。（第99、127頁）

● 湯妮‧佩克（Toni Packer），生於德國，現在居住在美國紐約州西部的Springwater Center。

● 理查德‧塞爾若醫師（Dr. Richard Selzer），美國醫生、作家。

● 卡畢爾（Kabir，1440－1518），印度神祕主義者、詩人。他鼓吹一切宗教本質同一，同受印度教和伊斯蘭教的推崇，被認為是錫克教的先驅，他的觀點也影響了許多教派的成立。

● 莫里斯‧森達克（Maurice Sendak，1928－），美國知名兒童文學作家和童書繪本插畫家，他的創作以奇想人物和怪獸著稱，"Where the Wild Things are"（《怪獸國》）就是他的著名作品。

● 威廉‧布雷克（William Blake，1757－1827），英國詩人、水彩畫家、版畫家。

●德蕾莎修女（Mother Teresa， 1910－1997）。 1950 年創仁愛傳教修女會，以救濟盲人、老者、痲瘋病人、殘廢人和生命垂危者， 1979 年獲諾貝爾和平獎。

●華特‧惠特曼（Walt Whitman， 1819－1892），美國詩人、新聞工作者和隨筆作家，著有《草葉集》、《桴鼓集》、《民主的遠景》等書。

●摩訶瞿沙難陀（Maha Ghosananda，意譯大音喜， 1929－），柬埔寨佛教大長老，致力於和平非暴力，每年在柬埔寨舉辦為和平與和解而走運動。

●耶喜喇嘛（Lama Yashe， 1935－1984），曾在西方國家弘法多年，並創辦大乘法脈聯合會（FPMT），在許多國家都設有分會。耶喜喇嘛圓寂之後約十一個月，經達賴喇嘛的認證，耶喜喇嘛的轉世以一個西班牙小孩的面貌重生，即為宇色仁波切，亦是喇嘛轉世到西方國家的第一人。

●約瑟夫‧坎貝爾（Joseph Campbell， 1904－1987），美國神話學和比較宗教作家，著有《上帝的面具》、《神話、夢及宗教》等書。

●甘地（Gandhi， 1869－1948），印度獨立運動領袖，以非暴力不合作運動的和平方式，成功地帶領印度人民脫離英國統治。

●阿姜查（Ajahn Chah， 1918－1992），近代泰國著名佛教大師。善用大自然和日常生活事物的譬喻說法，他的教法活潑而直指法則實相和人心，吸引不少外國優秀弟子在他的座下出家修學。著作有《森林中的法語》、《阿姜查的禪修世界》等書。

●海倫‧凱勒（Helen Keller， 1880－1968），美國盲聾女作家、演說家、教育家，終生致力於聾盲人的公共救助事業。

●馬克‧吐溫（Mark Twain， 1835－1910）， 美國幽默文學作家，因撰寫年輕時冒險故事，如《湯姆歷險記》（1872）、《乞丐王子》（1881）、《密西西比河上》（1883）和成為美國小說經典的《哈克歷險記》（1884）等書而深獲讀者的喜愛。

●泰戈爾（Rabindranath Tagore， 1861－1941），印度著名詩人、文學家、劇作家、藝術家、哲學家、思想家。 1913 年獲諾貝爾文學獎，為東方獲此榮譽的第一人。

●頂果欽哲仁波切（Khyentse Rinpoche，1910－1991），是寧瑪巴傳承的主要上師之一，「欽哲」意即智慧與慈悲。在他一生中，曾閉關22年，獲得了許多受持法教的成就。

●艾倫·瓦茲（Alan Watts，1915－1973），生於英國，後移居美國，知名哲學家、作家、演說家。

●寇特·考特（Kurt Kauter）的這個故事名為 "A Tale For All Seasons"，出自 *New Fables, Thus spoke the Marabou* 一書中。

●大衛·亨利·梭羅（Henry David Thoreau，1817－1862），美國詩人、散文作家和自然學者。與愛默生同為超越主義運動的領導人。

●瑞秋·內娥米·黎門（Rachel Naomi Remen），美國著名身心整體健康運動的早期先驅者之一，重視心靈在健康和疾病治癒上所扮演的角色。她也是重病者心理研究專家。

●威廉·巴特勒·葉慈（William Butler Yeats，1865－1939），愛爾蘭詩人、劇作家、散文家。1923年獲諾貝爾文學獎，為二十世紀偉大的英語詩人之一。

●唐望（Don Juan），是卡斯塔尼達（Carlos Castaneda）在其「唐望系列」如《巫士唐望的世界》、《力量的傳奇》等書中所提到教導他的一位老巫醫。

●赫密斯（Hermes Trismegistus），古希臘神話中的神祇——是宙斯與女神邁亞（Maia）所生的兒子，擔任宙斯和諸神的使者和傳譯，又是司畜牧、商業、交通旅遊、偷竊、狡猾、撒謊、體育運動的神。他是宙斯最忠實的信使，為宙斯傳送消息，並完成宙斯交給他的各種任務。

●魏特寧（Janwillem van de Wetering，1931－），生於荷蘭，後移居美國。為偵探小說、兒童故事、禪學等作家。

●唐納德·C·巴伯科克（Donald C. Babcock），美國基督教牧師。

●金剛經（Diamond Sutra），佛教般若系經典，內容說無相、說二諦中道、說無我的菩薩行，其形式藉釋迦牟尼佛和弟子須菩提之問答誘導人們發菩提心、行菩提道。本經有多種漢文譯本，自

最早的鳩摩羅什譯本於西元402年問世後，就在漢地廣為傳誦。

●瑪格莉特・史東・詹姆生（Storm Jameson，1891－1986），英國小說家、作家和評論家。

●道德經（Tao Te Ching），道家經典，本書撰寫於西元前6世紀至前3世紀之間，提出回歸和諧和平靜的生活方式，鼓勵無為而治的處事態度，對中國後世的思想和宗教有深遠的影響。

●若望・保祿二世（John Paul Ⅱ，1920－2005），已故波蘭籍天主教教宗，1978年登位，為456年間第一位非義大利籍、熱心參與國際事務的教宗。

●諾里奇的朱利安（Julian of Norwich，1342－約1416，英格蘭女神祕主義者。晚年隱居諾里奇。

【附錄三】全書譯註

〈一個邀請〉

①內在陰影（shadow）：卡爾・容格（Carl Jung, 1875 － 1961）是分析心理學派創始人，在他的學說中，「陰影」為自我的人格之一。陰影不一定就是自我的黑暗面，它也包含了不自知或想要壓抑的充滿創意、反常、反傳統等面向，也可能涵蓋高尚、美好的人格特質。唯有瞭解、接納自己的陰影，才有可能成就完整的人格。

〈原諒〉

②本段可以參見了參法師譯《法句經・惡品》第122偈：「莫輕於小善！謂『我不招報』，須知滴水落，亦可滿水瓶，智者完其善，少許少許積。」

〈慈愛〉

③本段引自思高本聖經中〈格林多前書〉，和合本聖經〈哥林多前書〉之翻譯如下：「我若能說萬人的方言、並天使的話語、卻沒有愛、我就成了鳴的鑼、響的鈸一般。我若有先知講道之能、也明白各樣的奧祕、各樣的知識．而且有全備的信、叫我能夠移山、卻沒有愛、我就算不得甚麼。」

④怪獸（Wild Thing）：這裏是指森達克最著名的作品"Where the Wild Things are"（《怪獸國》）中的怪獸圖案。

〈平靜〉

⑤本段可參見《法句經・阿羅漢品》第95偈：「彼已無憤恨，猶如於大地，彼虔誠堅固，如因陀揭羅，如無污泥池，是人無輪迴。」

⑥本段引自思高本聖經中〈訓道篇〉第三章。和合本聖經〈傳道書〉之翻譯如下：「凡事都有定期，天下萬務都有定時。生有時，死有時；栽種有時，拔出所栽種的也有時；殺戮有時，醫治有時；拆毀有時，建造有時；哭有時，笑有時；哀慟有時，跳舞有時。」

⑦本段落參見鳩摩羅什譯《金剛經・應化非真分第三十二》：「一

切有為法，如夢幻泡影，如露亦如電，應作如是觀。」

⑧這二句禪語出自《六祖壇經》中，「身如菩提樹，心如明鏡台；時時勤拂拭，勿使惹塵埃」，和「菩提本無樹，明鏡亦非台；本來無一物，何處惹塵埃」的兩禪偈。

The Art of Forgiveness, Lovingkindness, and Peace

This translation is published by arrangement with

The Bantam Dell Publishing Group, a division of Random House, Inc.

Translation Copyright © 2005 by Oak Tree Publishing,

A member of Cite Publisher

All Rights Reserved.

眾生系列 JP0022

原諒的禪修

作者：傑克・康菲爾德（Jack Kornfield）

譯者：橡樹林翻譯小組

特約編輯：王志攀、鄧光潔

封面、內頁設計：雅堂設計工作室

總編輯：張嘉芳

編輯：劉芸蓁

行銷：劉順眾、顏宏紋、李君宜

出版：橡樹林文化・城邦文化事業股份有限公司

台北市民生東路二段 141 號 5 樓

電話：（02）25007696　傳真：（02）25001951

發行：英屬蓋曼群島商家庭傳媒股份有限公司城邦分公司

台北市中山區民生東路二段 141 號 2 樓

讀者服務專線：0800-020-299

24 小時傳真服務：（02）25170999

讀者服務信箱 E-mail：cs@cite.com.tw

劃撥帳號：19833503

戶名：英屬蓋曼群島商家庭傳媒股份有限公司城邦分公司

香港發行所　城邦（香港）出版集團有限公司

香港灣仔駱克道 193 號東超商業中心 1 樓

電話：（852）25086231　傳真：（852）25789337

馬新發行所／城邦（馬新）出版集團【Cite(M)Sdn Bhd】

41, Jalan Radin Anum, Bandar Baru Sri Petaling,

57000 Kuala Lumpur, Malaysia.

電話：（603）90578822　傳真：（603）90576622

E-mail：cite@cite.com.my

印刷：中原造像股份有限公司

初版一刷：2005 年 8 月

初版三刷：2013 年 8 月

ISBN 986-7884-43-4

定價：250 元

國家圖書館出版品預行編目資料

原諒的禪修/傑克‧康菲爾德（Jack Kornfield）
著；橡樹林翻譯小組譯. -- 初版 -- 臺北市：
橡樹林文化出版：家庭傳媒城邦分公司發行，
2005〔民94〕
面：公分 . -- 面；公分. -- （眾生系列；JP0022）
譯自： The Art of Forgiveness,
Lovingkindness, and Peace

ISBN 986-7884-43-4（平裝）

1. 寬恕　2. 愛　3. 和平

199　　　　　　　　　　　　　94009919

U0002998